四书五经

何亚辉 编著

〔第一卷〕

光明日报出版社

图书在版编目（CIP）数据

　　四书五经 / 何亚辉编著. –北京：光明日报
出版社，2011.7（2021.3重印）
　　ISBN 978-7-5112-1330-3

　　Ⅰ.①四… Ⅱ.①何… Ⅲ.①四书 ②五经
Ⅳ.①B222.1 ②Z126.1

　　中国版本图书馆CIP数据核字（2011）第121635号

四书五经

SI SHU WU JING

著　　者：何亚辉	
责任编辑：曹　杨　刘景峰	责任校对：胡　兰
封面设计：于　力	责任印制：曹　净

出版发行：光明日报出版社
地　　址：北京市西城区永安路106号，100050
电　　话：010–63139890（咨询），010–63131930（邮购）
传　　真：010–63131930
网　　址：http://book.gmw.cn
E – mail：caoyang@gmw.cn
法律顾问：北京市德恒律师事务所龚柳方律师

印　　刷：北京德富泰印务有限公司
装　　订：北京德富泰印务有限公司
本书如有破损、缺页、装订错误，请与本社联系调换，电话：010–63131930

开　　本：170mm×250mm　　　　印　　张：102
字　　数：1550千字
版　　次：2011年7月第1版
印　　次：2021年3月第3次印刷
书　　号：ISBN 978-7-5112-1330-3

定　　价：1580.00元（全6册）

前 言

　　四书五经，是四书与五经的合称，是儒家的九部经典著作。"四书"指《论语》、《大学》、《中庸》、《孟子》，"五经"指《诗经》、《尚书》、《礼记》、《周易》、《春秋左传》。"四书"分别出于儒家早期的四位代表性人物孔子、曾参、子思、孟子，所以称为《四子书》（也称《四子》），简称为《四书》。因《四书》和《五经》都是儒家的经典著作，同是士子求取功名的必读之书，所以后人将其合称为《四书五经》。明代已有学人将"四书五经"用于书名。

　　《四书五经》代表了中国古代文化的正宗，对中国社会产生了深远的影响。南宋的朱熹首次将四书编在一起，之后"四书"被定为官学成了科考的"金科玉律"，儒家学者纷纷通过对其笺注来表达自己的思想。这种现象成为经学史上的一大奇观。在这些经书及对其的诠释中，儒学的精神特质得到了鲜明的体现，成为了儒家文代的核心载体。

　　以下分别介绍九种著作：

　　《大学》：朱熹认为《大学》是孔子及其门徒留下来的遗书，是儒学的入门读物，所以把它列为"四书"之首。

　　《中庸》：是《礼记》四十九篇中的一篇。是"孔门传授心思"而"子思笔之于书以授孟子"。重点阐述了中庸之道，强调"天命之谓性，率性之谓道，修道之谓教"。

　　《论语》：在古人心目中是修身治国的宝训。因此，两千多年来一直是中国人的圣书。它对中国历史进程产生过深远、持久的影响，后人有"半部《论语》治天下"之说。

　　《孟子》：记述"亚圣"孟子的言行及他与时人或弟子相互问答的一部典籍。唐代思想家韩愈认为，孔子的思想精髓唯孟子传承，"柯之死，不得其传"，足见孟子的地位。

　　《周易》：中华文明史上一部博大精深、影响广泛、流传久远的典籍，有"群经之首"和"大道之源"之称。《四库全书·经部易类小序》云："《易》道广大，无所不包。"

《尚书》：我国现存最古老而完整的史书。它是对我国原始社会、奴隶社会和封建社会初期历史最原始、最真实的记录，保存了我国上古时代极为珍贵的史料。南宋蔡沈在《书经集传序》中说："二帝三王治天下之大经大法，皆载此书。"

《诗经》：我国第一部诗歌总集，汇集了从西周初年到春秋中期五百多年的诗歌305篇，分风、雅、颂三部分，是古代文学艺术宝库中璀璨的明珠，在我国乃至世界文化史上都占有极高的地位。

《礼记》：最早的封建礼制教科书，中国"礼"文化的集大成之作。它是一部记述关于古代礼节习俗、规定、界定和轶事的文集，也是我国古代一部重要的典章制度书籍。

《春秋左传》：《春秋》是我国最早的编年体史书。阐述《春秋》最著名的有《左传》、《公羊传》、《穀梁传》，合称"春秋三传"，其中《左传》影响最大。梁启超推崇《左传》的出现是"商周以来史界之革命"。

《四书五经》详细地记载了中华民族思想文化发展史上最活跃时期的政治、军事、外交、文化等各方面的史实资料及影响中国文化几千年的孔孟重要哲学思想。《四书五经》代表着儒家经典的精华，它不仅阐述了儒学的道统和精神，而且启示我们做人处事的原则。对中国社会乃至整个东南亚汉文化圈都产生过深远影响。要想了解古代中国社会，探索中华文化博大精深的奥秘，要想把握中华文化的精神实质，《四书五经》可以说是一部最基本的入门书。

此次出版的《四书五经》，为文白注释点校本。因版面所限，《孟子》、《诗经》、《尚书》、《春秋左传》四部分内容采取选录形式入编。为确保其文字的准确可靠，《四书》以中华书局版朱熹的《四书章句集注》（《大学章句》、《中庸章句》、《论语集注》、《孟子集注》）为底本；《诗经》以中华书局版的《诗经注析》为底本，参校周振甫先生的《诗经译注》；《尚书》以中华书局版《十五经注疏》为底本，参校其他排印本；《礼记》以中华书局版的《礼记译解》为底本；《周易》以中华书局版《十三经注疏》为底本，参校其他排印本；《左传》以中华书局版杨伯峻《春秋左传注》为底本。译注古书工作量大，校勘繁琐，如有不当之处，敬请读者指正。

四书五经

二

目 录

中　庸

孟　子

诗　经（选录）

国　风

周　南

目
录

三

小　雅

大　雅

周　颂

尚 书（选录）

虞 书

夏 书

商 书

周 书

礼 记（选录）

周　易

上　经

下　经

春秋左传（选录）

学而第一

【题解】

《学而》是《论语》第一篇的篇名。《论语》中各篇一般都是以最前面的二三个字作为该篇的篇名。《学而》篇内容涉及诸多方面。从学习的态度、方法，孝道，品行，为人之道等进行分述。开篇明意，统领孔子儒学之要。"学可以立德，学可以增智，学可以致用"。《学而》篇如顶门悬鞭，学者可执而约己；又如临渊撒网，可捕滚滚历史长河之大鲫。

国以民为本，家以孝为先，人以德为重。学以致用，学以安身，学以孝悌，学以富国。学而乐，君子应快乐地学习，反复地学习，终身不断地学习；慎交友，得一益友，在相互的学习和交流中开阔视野；学贵养德，博爱仁德，重孝道，加强对自身品德的修养，培养良好的情趣和美好的操守，谦虚恭敬，守信于人。无论贫贱富达，唯有学习方为安身立命之本。

【原文】

子曰："学而时习①之，不亦说②乎？有朋自远方来，不亦乐乎？人不知而不愠③，不亦君子④乎？

【注释】

①习：复习《诗》、《书》，演习礼、乐。
②说（yuè）：同"悦"，高兴。
③愠（yùn）：恼怒，怨恨。
④君子："君子"和"小人"在道德层面上是相对的。"君子"指的是思想品德高尚的人。

【译文】

孔子说："学习诗、书、礼、乐等知识和技艺，又经常复习它，不也是令人愉快的事吗？有志同道合的人从远方来，不也是高兴的事情吗？人家不了解我，我也不怨恨，不也是君子吗？"

【原文】

有子①曰："其为人也孝弟②，而好犯上者，鲜③矣；不好犯上，而好作乱者，未之有也。君子务④本，本立而道⑤生。孝弟也者，其为仁之本与⑥！"

【注释】

①有子：姓有，名若，春秋时期鲁国人，孔子的学生。
②孝弟（tì）：孝指子女孝敬父母。弟通"悌"，指弟弟尊重兄长。
③鲜（xiǎn）：少。
④务：努力地做。
⑤道：本意是道路，这里指做人治国之道。
⑥与（yú）同"欤"，语气词，相当于"啊"。

【译文】

有子说："孝敬父母，尊重兄长的人，很少有喜好犯上的；不喜好犯上而喜好造反作乱的人是没有的。君子要致力于根本，根本建立，就领悟了做人治国的道理。孝敬父母，尊重兄长，这是仁爱的根本啊！"

【原文】

子曰："巧言令色①，鲜②矣仁。"

【注释】

①巧言令色：巧言，指美好的语言。令色，指惹人喜爱的脸色。
②鲜（xiǎn）：少。

【译文】

孔子说："花言巧语，表面上悦色的人，是很少有仁德的。"

【原文】

曾子①曰："吾日三省②吾身：为人谋而不忠乎？与朋友交而不信③

乎？传④不习乎？"

【注释】

①曾子：姓曾，名参，字子舆，春秋时期鲁国人，孔子的得意门生。
②三省（xǐng）：三，约数。指多次省察。
③信：讲信用。
④传：传授，这里指老师传授的知识和技艺。

【译文】

曾子说："我每天都要多次省察自己：为别人出主意做事情有没有竭尽全力呢？与朋友交往有没有不讲信用的地方呢？老师传授的知识和技艺是否都练习过了呢？"

【原文】

子曰："道①千乘②之国，敬事而信，节用而爱人，使民以时③。"

【注释】

①道：同"导"，引导，治理。
②乘（shèng）：古代兵车的计量单位。一车四马为一乘。车上甲士三人，车下步卒七二十人，后勤人员二十五人，共一百人。
③时：指农时。

【译文】

孔子说："治理拥有千辆兵车的国家，恭敬谨慎而取信于民，要节约财用而施爱于民，征用劳力不要耽误农时。"

【原文】

子曰："弟子入①则孝，出②则弟，谨而信，汎③爱众④，而亲仁，行⑤有余力，则以学文⑥。"

【注释】

①入：在家。

②出：出门，指与人交往。

③汎：同"泛"，广泛。

④众：众人。

⑤行：实行，践行。

⑥文：指《诗》、《书》等文化知识。

【译文】

孔子说："年轻人，在家要孝敬父母，出门要尊敬兄长，为人恭敬而讲信用，与众人相友爱，并亲近其中有仁德的人。践行了道德规范还有余力，就再来学习《诗》、《书》等文化知识。"

【原文】

子夏①曰："贤贤②易③色④；事父母，能竭其力；事君，能致⑤其身；与朋友交，言而有信。虽曰未学，吾必谓之学矣。"

【注释】

①子夏：姓卜，名商，字子夏，春秋时期卫国人，孔子的学生。

②贤贤：第一个"贤"是动词。尊重，向……看齐的意思。第二个"贤"是名词，指的是贤人。

③易：改变，提高的意思。

④色：本义是颜色，这里取引申义，即原先的道德素质。

⑤致：献出。

【译文】

子夏说："以贤人为榜样提高自身的道德素质；孝敬父母，能竭尽其力；侍奉君主，能献出自己的生命；同朋友交往，说话能讲信用。这样的人即使没有学习过《诗》、《书》，我也一定要说他学习过了。"

【原文】

子曰："君子不重则不威；学则不固①；主②忠信，无③友④不如己者；过则勿惮改。"

【注释】

①固：固陋不化。

②主：有三种解释：一是意动用法，以……为主。二是投靠的意思。三是就其本意而言，是主动的意思，这里是形容词用作动词，主动接近的意思。译文取第三种释义。

③无：不要。

④友：名词用作动词，结交。

【译文】

孔子说："君子不庄重就会失去威严；学习了就不会浅陋顽固；主动接触忠信之人，不要结交品行差的人；有了过错不要害怕改正。"

【原文】

曾子曰："慎①终②追③远④，民德归⑤厚⑥矣。"

【注释】

①慎：谨慎。

②终：人死为终，指父母寿终。

③追：追念。

④远：祖先。

⑤归：趋向或回归某个地方。

⑥厚：厚道，仁厚。

【译文】

曾子说："慎重地办理父母的丧事，追念祭祀亡故的祖先，这样民众的德行就会日益淳厚了。"

【原文】

子禽①问于子贡②曰："夫子至于是邦③也，必闻④其政，求之与，抑⑤与之与？"子贡曰："夫子温、良、恭、俭、让⑥以得之。夫子之求之也，其诸异乎人之求之与？"

【注释】

①子禽：姓陈，名亢，字子禽，传说是孔子的学生。

②子贡：姓端木，名赐，字子贡，卫国人，有辩才，善经商，孔子的得意门生。

③邦：指诸侯国家。

④闻：听闻，参与。

⑤抑：文言连词，"还是"的意思。

⑥温、良、恭、俭、让：温和、善良、恭敬、俭朴、谦让。

【译文】

子禽问子贡说："老师到了一个国家，一定听闻参与该国的政事，这是他自己求来的呢，还是人家主动给他的呢？"子贡说："老师温和、善良、恭敬、俭朴、谦让，所以得到这种礼遇。老师受到的这种礼遇可以说是求来的，只是他求得的方法与别人的方法不一样吧？"

【原文】

子曰："父在，观其①志；父没，观其行；三年②无改于父之道③，可谓孝矣。"

【注释】

①其：他的，此处指儿子的。

②三年：三，虚指。多年。

③道：这里指道德准则。

【译文】

孔子说："评判一个人，当他父亲在世的时候，观察他的志向；父亲去世后，观察他的行为；多年不改变父亲指引的正道，这样的人称得上孝顺了。

【原文】

有子曰："礼①之用，和②为贵。先王③之道，斯④为美。小大由之⑤，有所不行。知和而和，不以礼节⑥之，亦不可行也。"

【注释】

①礼：指礼节、礼仪等道德规范。

②和：和谐。

③先王：指尧、舜、禹、汤、文、武等古代的帝王。

④斯：此，这个。

⑤由之：随顺和谐。

⑥节：调节。

【译文】

有子说："礼的应用，贵在和谐。古代君主的治国政策，好就好在这里。但是事无巨细都迁就和谐，有的地方就行不通。因为只注重和谐而不知道用礼节调节，是行不通的。

【原文】

有子曰："信①近②于义③，言可复④也。恭近于礼，远⑤耻辱也。因⑥不失⑦其亲，亦可宗⑧也。"

【注释】

①信：诚信，信用。

②近：接近，符合。

③义：道义，正义，大义。

④复：实践，实行。

⑤远：远离。

⑥因：遵循。

⑦失：背离。

⑧宗：指因袭，代代相传。

【译文】

有子说："讲信用只有符合道义，信义之言才能兑现。恭敬要符合于礼，如此才能远离耻辱。遵循义礼就不会背离自己的亲人，这样也就可以代代相传了。

【原文】

子曰："君子食无求①饱，居②无求安③，敏于事而慎于言，就④有道⑤而正⑥焉，可谓好学也已。"

【注释】

①求：追求，贪图。
②居：闲居，生活。
③安：安逸，享乐。
④就：接近。
⑤有道：指有道德的人。
⑥正：使动用法，使……端正。

【译文】

孔子说："君子在饮食方面不要贪图饱足，在生活方面不要贪图享乐；办事勤快，言语谨慎；结交有道德的人使自己的行为端正，这样就可以说是好学的了。"

【原文】

子贡曰："贫而无谄①，富而无骄②，何如？"子曰："可也。未若贫而乐，富而好礼者也。"子贡曰："《诗》云'如切如磋！如琢如磨'③，其斯之谓与？"子曰："赐也！始可与言《诗》已矣，告诸④往而知来者。"

【注释】

①谄：巴结，奉承，谄媚。
②骄：骄奢。
③诗云'如切如磋，如琢如磨'：见《诗经·卫风·淇奥》篇。切：把骨头做成各种形状；磋：把象牙做成各种形状；琢：雕刻玉石；磨：打磨生光。原诗形容一个青年男子像切磋琢磨过的象牙玉石般美丽而有文采。
④诸："之于"的合音。之：代词，此处代"道理"。

【译文】

子贡说:"贫穷而不谄媚,富裕而不骄奢,这样的人如何呢?"孔子说:"可以,但是不如贫穷而仍然快乐,富裕而喜好礼节的人。"子贡说:"《诗经》上说:'要像对待骨角、象牙、玉石,既切又磋,既琢又磨一样,精益求精'讲的就是这个意思吧?"孔子说:"赐呀,现在可以和你谈论《诗经》了,你已经可以通过学习前面的知识而领悟后面的内容了。"

【原文】

子曰:"不患^①人之不己知^②,患不知人^③也。"

【注释】

①患:忧虑,担心。
②不己知:即不知己,(别人)不知道自己;古汉语中动词(这里为知)前有否定词(这里为不),则宾语(这里为己)放在动词前。
③知人:有两种解释,一是了解别人。一是被人家知道。译文取后一种释义。知:被动用法,"被……知道"。

【译文】

孔子说:"只要德才兼备,出类拔萃,就不怕人家不知道自己,就怕自己德才不备,没有特长不被人家知道。

为政第二

【题解】

《为政》篇包括24章，内容涉及孔子"为政以德"的思想，谋求官职和从政为官的基本原则，学习与思考的关系，温故而知新的学习方法，以及对孝、悌等道德范畴的进一步阐述。孔子的思想体系中，德政是其思想的重要方面，其注重道德教化，崇尚黄帝、尧、舜、禹、汤、文、武、周公"敬德保民"之制，一统礼乐和谐之邦。

立业德为主，修身德为先。以德修身，以德为政，政通民惠，则如同北极星独立苍穹，满天星辰拱卫环绕而熠熠生辉。

为政贵在立德，做人同样德行为贵。良好的品行可以成就幸福的人生，用有限的生命实现无价的生命内涵。

【原文】

子曰："为政以德①，譬如北辰②，居其所③而众星共④之。"

【注释】

①德：德治。
②北辰：北极星。
③所：处所，位置。
④共：同"拱"，环绕的意思。

【译文】

孔子说："推行德治，就会像天上的北极星那样，自己居于一定的位置上，群星都会环绕在周围。"

【原文】

子曰："《诗》三百①，一言以蔽②之，曰：'思无邪③'。"

【注释】

①诗三百：诗，指《诗经》，有305篇，三百是举其整数。
②蔽：概括。
③思无邪：此为《诗经·鲁颂·驷篇》上的一句，指"不虚假"。

【译文】

孔子说："《诗经》三百篇，可以用一句话来概括它的精义，就是'不虚假'。"

【原文】

子曰："道①之以政，齐②之以刑，民免③而无耻④；道之以德，齐之以礼，有耻且格⑤。"

【注释】

①道：管理。
②齐：规范、约束。
③免：避免。
④耻：羞耻之心、耻辱感。
⑤格：遵守规矩。

【译文】

孔子说："如果采取强制性的手段来治理百姓，使用严酷的刑法来管束他们，老百姓便会只求免于遭受刑罚，失去耻辱感；如果用道德教化百姓，用礼制去统一百姓的言行，百姓就会从内心里守规矩了。"

【原文】

子曰："吾十有①五而志于学，三十而立②，四十而不惑③，五十而知天命④，六十而耳顺⑤，七十而从心所欲，不踰矩⑥。"

【注释】

①有：同"又"。

②立：站得住，引申为自立的意思。

③不惑：掌握了知识，不再迷惑。

④天命：指不能为人力所左右的事情；命运。

⑤耳顺：一般而言，指接受并正确对待批评意见。

⑥从心所欲，不踰矩：从，遵从的意思；踰，越过；矩，礼制、规矩。

【译文】

孔子说："我十五岁便下决心学习，三十岁就能够自立；四十岁就能够不再迷惑，五十岁知道了天命，六十岁能正确看待批评，七十岁能随心所欲而不触犯规矩。

【原文】

孟懿子①问孝。子曰："无违。②"樊迟③御，子告之曰："孟孙④问孝于我，我对曰'无违'"。樊迟曰："何谓也?"子曰："生，事之以礼；死，葬之以礼，祭之以礼。"

【注释】

①孟懿子：鲁国的大夫，"三桓"(鲁桓公后代，鲁国最强的三大家族)之一，姓仲孙，名何忌，"懿"是谥号。

②无违：不违背。

③樊迟：姓樊名须，字子迟，孔子的弟子。

④孟孙：指孟懿子。

【译文】

孟懿子问什么是孝，孔子说："孝就是不违背礼。"樊迟给孔子驾车，孔子告诉他："孟孙问我什么是孝，我告诉他说不要违背礼。"樊迟说："不要违背礼具体指什么呢?"孔子说："父母活着的时候，要按礼来敬奉他们；父母去世后，要按礼来埋葬、祭祀他们。"

【原文】

孟武伯①问孝。子曰："父母唯其疾之忧②。"

【注释】

①孟武伯：孟懿子的儿子，名彘。武是他的谥号。

②父母唯其疾之忧：其，代词，指子。疾，病。

【译文】

孟武伯向孔子请教何为孝。孔子说："对父母，要做到使他们只为自己生病而操心。"

【原文】

子游①问孝，子曰："今之孝者，是谓能养。至于犬马，皆能有养②；不敬，何以别乎？"

【注释】

①子游：姓言，名偃，字子游，吴国人，孔子的学生。

②养（yàng）：饮食供奉。

【译文】

子游问什么是孝。孔子说："现在所谓的孝，只是赡养父母。然而，即使犬马也能够得到饲养。如果不存心孝敬父母，那赡养父母与饲养犬马又有什么不同呢？"

【原文】

子夏问孝，子曰："色难①。有事，弟子服其劳②；有酒食，先生馔③，曾是以为孝乎？"

【注释】

①色难：色，脸色。难，为难。色难，承顺父母脸色很难，一定要做到始终和颜悦色。

②服其劳：服，从事、担负。服即服侍。

③馔（zhuàn）：饮食、吃喝。

【译文】

子夏问什么是孝，孔子说："子女孝敬是对父母始终和颜悦色是件难事。有事情时替父母去做；有了酒饭，让父母吃，难道这就可以称作孝吗？"

【原文】

子曰："吾与回①言终日，不违②如愚。退而省其私③，亦足以发。回也不愚。"

【注释】

①回：姓颜名回，字子渊，鲁国人，孔子的得意门生。
②不违：不反对，不提相反的意见。
③退而省其私：考察颜回私下与他人讨论学问的言行。

【译文】

孔子说："我整天给颜回讲学，他从来不发表不同意见，像个愚笨之人。我考察他私下的言论，发现他对我所讲授的内容有所发挥。可见颜回并不愚笨。

【原文】

子曰："视其所以①，观其所由②，察其所安③。人焉廋④哉？人焉廋哉？"

【注释】

①所以：所做的事情。
②所由：原因。
③所安：心理寄托。
④廋（sōu）：隐藏，藏匿。

【译文】

孔子说："要了解一个人，应看他言行举止，考察他的由来，考察他心里想什么。这样，他还能隐藏吗？这个人如何能隐藏得了呢？"

【原文】

子曰："温故①而知新，可以为师矣。"

【注释】

①故：已经学过的知识。

【译文】

孔子说："在温习旧知识时，能有新体会，新发现，这样就可以做老师了。"

【原文】

子曰："君子不器①。"

【注释】

①器：器具。

【译文】

孔子说："君子不像器具那样，局限于某一方面的功用。"

【原文】

子贡问君子。子曰："先行其言，而后从之。"

【译文】

子贡问怎样做一个君子。孔子说："凡事要先做再说。"

【原文】

子曰："君子周①而不比②，小人③比而不周。"

【注释】

①周：与周围人关系和睦。
②比（bì）：勾结。

③小人：没有道德修养的人。

【译文】

孔子说："君子与周围人友好相处，却不与人勾结；小人与人勾结却不能与周围人和睦。"

【原文】

子曰："学而不思则罔①，思而不学则殆②。"

【注释】

①罔：迷惑。
②殆：危险。

【译文】

孔子说："只死读书，而不思考，就会罔然无知而没有收获；只冥思空想而不读书，就有可能会误入思维的歧途。

【原文】

子曰："攻①乎异端②，斯害也已。"

【注释】

①攻：攻击。
②异端：不同于你的言论。

【译文】

孔子说："攻击那些意见与你不同的言论，是有害的。"

【原文】

子曰："由①！诲女②知之乎！知之为知之，不知为不知，是知也。"

【注释】

①由：姓仲名由，字子路，孔子的学生，长期跟随孔子。

②女：通汝，你。

【译文】

孔子说："由，我教给你求知的方法，你明白了吗？知道就是知道，不知道就是不知道，这才是求知的正确态度啊！"

【原文】

子张①学干禄②。子曰："多闻阙③疑，慎言其余，则寡尤④；多见阙殆，慎行其余，则寡悔。言寡尤，行寡悔，禄在其中矣。"

【注释】

①子张：姓颛孙名师，字子张，孔子的学生。
②干禄：干，求。禄，即古代官吏的俸禄，这里代指官职。
③阙：缺。这里指放置在一旁，保留。
④寡尤：寡，少的意思。尤，过错。

【译文】

子张向孔子请教谋取官职的方法。孔子说："要多听，有怀疑的地方先保留不说，其余有把握的，也要谨慎地说出来，这样就可以少犯错误；要多看，不做那些不太有把握的事，其余有把握的，也要谨慎地去做，就能减少后悔。说话少过失，做事少后悔，官职俸禄就自然有了。"

【原文】

哀公①问曰："何为则民服？"孔子对曰："举直错诸枉②，则民服；举枉错诸直，则民不服。"

【注释】

①哀公：姓姬名蒋，哀是其谥号，鲁国国君，公元前494—前468年在位。
②举直错诸枉：举，选拔的意思。直，正直公平。错，同措，放置。枉，不正直。

【译文】

鲁哀公问："怎样才能使百姓服从呢?"孔子回答说:"提拔正直无私的人，不选用邪恶的人，老百姓就会服从统治;反之，老百姓不会服从统治。"

【原文】

季康子①问:"使民敬、忠以②劝③，如之何?"子曰:"临④之以庄，则敬;孝慈，则忠;举善而教不能，则劝。"

【注释】

①季康子:姓季孙名肥，康是他的谥号，鲁哀公在位时，最有权势的权贵。

②以:连接词。

③劝:勉励。这里是自勉的意思。

④临:对待。

【译文】

季康子问道:"如何才能使老百姓爱戴我们，忠心而努力干活?"孔子说:"你用庄重的态度对待老百姓，他们就会敬重你;你对父母孝顺、对子弟慈祥，百姓就会尽忠于你;你选用善良的人，教育没有能力的人，百姓就会互相勉励。"

【原文】

或①谓孔子曰:"子奚②不为政?"子曰:"《书》③云:'孝乎惟孝，友于兄弟，施④于有政。'是亦为政，奚其为为政?"

【注释】

①或:有人。

②奚:疑问词，"为什么"。

③《书》:指《尚书》。

④施:施行。

【译文】

有人问孔子："你为什么不从政呢？"孔子回答说："《尚书》上说，'孝就是孝敬父母，友爱兄弟。'把这孝悌之礼施行于政，也就相当于从事政治了，还要怎样才能算为政呢？"

【原文】

子曰："人而无信，不知其可也。大车无輗①，小车无軏②，其何以行之哉？"

【注释】

①大车无輗（ní）：大车，指古代牛车，輗指牛车车辕前面横木上的木销子。

②小车无軏（yuè）：小车，指古代马车，軏，车辕前横木上的木销子。没有輗和軏，车子就会因无法套住牲口而不能走。

【译文】

孔子说："一个人不讲信用，根本不行。就好像大车没有輗、小车没有軏一样。如何行走呢？"

【原文】

子张问："十世①可知也？"子曰："殷因②于夏礼，所损益③可知也；周因于殷礼，所损益可知也；其或继周者，虽百世，可知也。"

【注释】

①世：古时称三十年为一世，也有的人把"世"解释为朝代。

②因：因袭，继承。

③损益：减少和增加，引申为优化、变动。

【译文】

子张问孔子："今后十世的礼仪制度可以预知吗？"孔子回答说："商朝沿袭了夏制，所减少和所增加的内容是可以知道的；周朝又继承商制，所废除的和所增加的内容也是可以知道的。将来有继承周朝的，即使相隔百世，也可预知。"

【原文】

子曰："非其鬼而祭之，谄也。见义①不为，无勇也。"

【注释】

①义：人应该做的事就是义。

【译文】

孔子说："不是你应该祭祀的鬼神，你却去拜祭，这就是谄媚。见到应该挺身而出的事情，却袖手旁观，这就是怯懦。"

八佾第三

【题解】

《八佾》篇包括26章，主要内容涉及"礼"的问题，主张维护礼在制度上、礼节上的种种规定；并包含了孔子"君使臣以礼，臣事君以忠"的政治主张。"礼"是中国文化思想中重要的一个环节，也是孔子思想实现"仁"的主要途径。"礼"是封建社会的道德规范和行为准则。

"人而不仁，如礼何？""仁"做为孔子思想的核心，注重人内在精神的修养。"仁"是一种博爱，一种大爱，而"礼""乐"只是外在形式的体现。注重艺术形式外在美的同时，更应重视艺术内容的德与善。外表的礼节仪式要同内心的道德情操相统一，"绘事后素"，如同绘画一样，质地如果不洁白，就不会画出丰富多彩的图案来。

对于"德治""礼治"的道德要求，首先应针对于当政者，倘为官执政者做不到"礼"所要求的那样，自身的道德修养不够，就无法垂范于大众，终使礼崩而乐坏，国家就无法得到治理。

【原文】

孔子谓季氏①："八佾②舞于庭，是可忍也，孰不可忍也？"

【注释】

①季氏：鲁国正卿季孙氏。这里指季平子，即季孙意如。一说，指桓子。

②八佾（yì）："佾"，行，列。特指古代奏乐舞蹈的行列。一佾，是八个人的行列；八佾，就是八八六十四个人。按周礼规定，天子的乐舞，才可用八佾。诸侯，用六佾；卿、大夫，用四佾；士用二佾。按季氏的身分，只有用四佾的资格，但他擅自采用了天子乐舞规格的八佾，这是不可饶恕的僭越行为。

【译文】

孔子谈到季氏，说："他在自家的庭院里居然采用了八佾规格的乐舞，这种事如果都可容忍，那还有什么不可以容忍的事呢？"

【原文】

三家者以《雍》彻①。子曰："'相维辟公，天子穆穆②'，奚取于三家之堂③？"

【注释】

①三家：指鲁国当政的仲孙、叔孙、季孙三家大夫。《雍》：《诗经·周颂》篇名，为周天子行祭礼后撤去祭品时所唱。

②"相维辟公"两句：《雍》中诗句。相，助祭的人。辟公，指诸侯。天子，主祭的周天子。穆穆，形容端庄恭敬的仪态。

③堂：庙堂。

【译文】

仲孙、叔孙、季孙三家在家祭完毕时，唱着《雍》诗撤去祭品。孔子说："《雍》诗中说：'助祭的是诸侯，主祭的天子端庄恭敬。'在三家大夫的庙堂上，凭借哪一点唱此讲诗呢？"

【原文】

子曰："人而不仁，如礼何①？人而不仁，如乐何？"

【注释】

①如礼何："如……何"是古代常用句式，当中一般插入代词、名词或其他词语，意思是"把（对）……怎么样（怎么办）"。

【译文】

孔子说："一个人不讲仁德，如何对待礼呢？一个人不讲仁德，如何对待乐呢？"

【原文】

林放问礼之本①。子曰："大哉问！礼，与其②奢也，宁俭；丧，与其易③也，宁戚④。"

【注释】

①林放：姓林，名放，字子上，鲁国人。一说，孔子的弟子。

②与其：连词。经常在比较两件事的利害得失而决定取舍的时候采用，"与其"用在放弃的一面。后面常用"毋宁""不如"、"宁"相呼应。

③易：本义是把土地整治得平坦。在这里指周到地治办丧礼。

④戚：心中悲哀。

【译文】

林放问礼的根本是什么。孔子说："你提的问题有重大意义。从礼节仪式来说，与其奢侈，不如节俭；从治办丧事来说，与其举行隆重完备的仪式，不如真正悲哀地悼念死者。"

【原文】

子曰："夷狄之有君①，不如诸夏之亡也②。"

【注释】

①夷狄：古代对华夏族以外异族的泛称。

②诸夏：指中原地区的各诸侯国。亡：通"无"。

【译文】

孔子说："夷狄虽有君主，还不如中原各国的没有君主。"

【原文】

季氏旅于泰山①。子谓冉有曰②："女弗能救与③？"对曰："不能。"子曰："呜呼！曾谓泰山不如林放乎④？"

【注释】

①旅：祭名。据礼制，唯有天子才能祭天下名山大川，诸侯则能祭封地内名山大川，季氏作为鲁大夫而祭泰山是僭越行为。

②冉有：孔子学生，姓冉，名求，字子有。

③救：阻止。

④"曾谓"句：意思是，难道说泰山神还不如林放知礼，而会接受季氏的祭祀吗？

【译文】

季氏将祭泰山。孔子对冉有说："你不能阻止此事吗？"冉有回答："不能。"孔子叹道："唉！难道说泰山神还不如林放吗？"

【原文】

子曰："君子无所争，必也射①乎！揖②让而升，下而饮。其争也君子。"

【注释】

①射：本是射箭。此指射礼，按周礼所规定的射箭比赛。有四种：一、大射（天子，诸侯，卿，大夫，选属下善射之士而升进使用。）二、宾射（贵族之间，朝见聘会时用。）三、燕射（贵族平时娱乐之用。）四、乡射（民间习射艺）。

②揖：作揖。拱手行礼，表示尊敬。

【译文】

孔子说："君子之间没有可争夺的事。如果有，那一定是射箭比赛吧！就算是射箭相争，也是互相作揖，谦让，然后登堂；比赛结束，走下堂来，又互相敬酒。这就是君子之争。"

【原文】

子夏问曰："'巧笑倩兮，美目盼兮，素以为绚兮①。'何谓也？"子曰："绘事后素②。"

曰："礼后乎③？"子曰："起予者商也④！始可与言《诗》已矣。"

【注释】

①"巧笑倩兮"三句：前两句选自《诗经·卫风·硕人》，形容笑容美好动人。盼，眼睛黑白分明，形容眼目流转的美丽。素，白色。绚，色彩华丽。

②绘事后素：绘画时先以素色为底，后施五彩。一说绘画先布五彩，再用白色线条勾勒。今从前说。

③礼后乎：意谓礼形成于仁义的基础之上。这是以上句素色喻仁义之质。

④起：开启，发明。

【译文】

子夏问："'美好的笑容真动人啊，眼目的流转真妩媚啊，白净的脸上妆饰得真美丽啊。'这几句诗表达了什么意思呢？"孔子说："有了白色的底子，然后画上色彩。"

子夏说："就是说礼形成于仁义之后吗？"孔子说："能够启发我的人是商啊！现在可以与你谈论《诗经》了。"

【原文】

子曰："夏礼，吾能言之，杞不足徵也①；殷礼，吾能言之，宋②不足徵也。文献③不足故也。足，则吾能徵之矣。"

【注释】

①杞：古国，现在河南省杞县一带。杞国的君主是夏朝大禹的后代。征：证明，引以为证。

②宋：古国，现在河南省商丘市南部一带。宋国的君主是商朝汤的后代。

③文：指历史文字资料。献：指贤人。古代朝廷称德才兼备的贤人为"献臣"。

【译文】

孔子说："夏朝的礼，我能说出来，（但是，夏的后代）杞国（现在施行的礼仪）却不足以作为考证的证明，殷代的礼，我能说出来，（但是，殷的后代）宋国（现在施行的礼仪）却不足以作为考证的证明。因为文字资料不足，熟悉夏礼、殷礼的贤人也不多。如果文献足够的话，我就能用它来作考证的证明了。"

【原文】

子曰："禘自既灌而往者^①，吾不欲观之矣。"

【注释】

①禘：祭名，这里指隆重的宗庙大祭，只有天子才能举行。灌：祭祀开始时，献酒于受祭者的仪式。

【译文】

孔子说："举行禘礼时，第一次献酒以后，我就不愿再看下去了。"

【原文】

或问禘之说。子曰："不知也。知其说者之于天下也，其如示诸斯乎^①!"指其掌。

【注释】

①示：通"置"，摆、放的意思。

【译文】

有人问关于禘祭的道理。孔子说："我不知道。如果知道这个道理的人治理天下，犹如把东西放在这上面一样容易吧!"他一面说，一面指着手掌。

【原文】

祭如在，祭神如神在。子曰："吾不与^①祭，如不祭。"

【注释】

①与：参与。

【译文】

祭祀祖先就如同祖先真的在那里，祭祀神就如同神真在那里。孔子说："我如果不亲自参加祭祀，那就如同不祭祀一样。"

【原文】

王孙贾问曰^①：“与其媚于奥^②，宁媚于灶^③，何谓也？”子曰：“不然。获罪于天，无所祷也^④。”

【注释】

①王孙贾：卫国大夫。
②奥：居室的西南角，古代认为那里有神。
③灶：指灶神。古人以为奥神位尊，灶神位低，但灶为烹饪食物的地方，对人有更实际的作用。这里可能分别以奥神和灶神比喻朝中近臣和权臣。
④无所祷也：祭什么神都没有用处了。

【译文】

王孙贾问道：“与其求媚于奥神，宁可求媚于灶神，这两句话是什么意思？”孔子说：“这话不对。如果得罪了上天，那就没有地方可以祈祷了。”

【原文】

子曰：“周监于二代^①，郁郁^②乎文哉！吾从周。”

【注释】

①监：借鉴。二代：指夏、商两朝。
②郁郁：形容文采富盛。

【译文】

孔子说：“周朝借鉴了夏、商两朝，它所制定的礼乐仪制是多么丰富多彩啊！我希望遵从周朝的制度。”

【原文】

子入太庙^①，每事问。或曰：“孰谓鄹人之子知礼乎^②？入太庙，每事问。”子闻之，曰：“是礼也。”

【注释】

①太庙：古代供奉祭祀君主祖先的庙。开国的君主叫太祖，太祖的庙叫太庙。因为周公（姬臣）鲁国最初受封的君主，所以，当时鲁国的太庙，就是周公庙。

②孰谓：谁说。鄹（zōu）：又写为"陬"。春秋时鲁国的邑名，在今山东省曲阜市东南一带。孔子的父亲叔梁纥在陬邑做过大夫。"鄹人"指叔梁纥。"鄹人之子"，即指孔子。

【译文】

孔子进入太庙协助祭祀，对每件事都要询问。有人说："谁说鄹邑人的儿子知道礼呢？进入太庙，每件事都要问一问。"孔子听到，说："这样的做法，就是礼啊。"

【原文】

子曰："射不主皮①，为力不同科，古之道也。"

【注释】

①射不主皮："射"，射箭。周人仪礼制度中有专门为演习礼乐而举行的射箭比赛，称"射礼"。这里的"射"即指此。"皮"，指用兽皮做成的箭靶子。古代，箭靶子叫"侯"，用布做或用皮做。《仪礼·乡射礼》："礼射不主皮。"射礼比赛，射箭应当以是否"中的"为主，而不在于用力去射，把皮靶子穿透。这与作战比武的"军射"不同。那是提倡用力射的，有"射甲彻长札（穿透甲革七层）"之说。

【译文】

孔子说："在举行射礼比赛时，射箭的重点不在于射穿那皮靶子，因为每个人的力气大小有所不同，自古以来就是这个道理。"

【原文】

子贡欲去告朔之饩羊①。子曰："赐也！尔爱其羊，我爱其礼。"

①告朔：一种礼仪。饩（xì）羊：用作祭品的羊。

【译文】

子贡打算取消每月初一用于告祭祖庙的那只羊。孔子说："赐啊！你爱惜的是那只羊，我爱惜的是那礼。"

【原文】

子曰："事①君尽礼，人以为谄②也。"

【注释】

①事：侍奉，服务于。
②谄：谄媚，用卑贱的态度向人讨好，奉承。

【译文】

孔子说："完全按照周礼的规定来侍奉，别人却认为这样做是为了谄媚君主。

【原文】

定公问①："君使臣，臣事君，如之何②？"孔子对曰："君使臣以礼，臣事君以忠。"

【注释】

①定公：鲁国的君主，姓姬，名宋，谥号"定"。襄公之子，昭公之弟，继昭公而立。在位十五年（公元前509-前495年）。鲁定公时，孔子担任过司寇，代理过宰相。鲁定公的哥哥昭公，曾被贵族季氏赶出国外。因此，鲁定公询问孔子，如何正确处理君臣关系，以维持政权。
②如之何：如何，怎样。"之"是虚词。

【译文】

鲁定公问："君主任用臣子，臣子侍奉君主，应当如何呢？"孔子回答:"君主任用臣子应当以礼相待,臣侍奉君主应当以忠诚相待。"

【原文】

子曰:"《关雎》^①,乐而不淫,哀而不伤。"

【注释】

①《关雎》:《诗经》的开篇。因它的首句是"关关雎鸠,在河之洲",故名。"雎鸠",是古代所说的一种水鸟。"关关",是雎鸠的鸣叫声。这是一首爱情诗,古代也用这首诗作为对婚礼的祝贺词。淫:放纵,放荡,过分。

【译文】

孔子说:"《关雎》篇,快乐而不放荡,忧愁而不悲伤。"

【原文】

哀公问社于宰我^①。宰我对曰:"夏后氏以松^②,殷人以柏,周人以栗,曰:使民战栗^③。"子闻之曰:"成事不说,遂^④事不谏,既往不咎^⑤。"

【注释】

①社:土地神。这里指的是代表土地神的木头牌位。宰我:姓宰,名予,字子我,鲁国人,孔子早期的弟子。

②夏后氏:本是部落名。后世指夏朝的人,就称"夏后氏"。松:古人以为神要凭借某种东西称为"神人"(木制的牌位)。夏代人用松木做土地神的神主。一说,是指栽树以作祭祀。

③战栗:因害怕而发抖。这里,宰我"让老百姓战栗"的解释有牵强之处,孔子不满。

④遂:已经完成,成功。

⑤咎:指责。

【译文】

鲁哀公问宰我,祭祀土地神的神主要用什么木料做?宰我回答:

"夏朝人用松树，商朝用柏树，周朝用栗子树。用栗的意思是让老百姓战栗。"孔子听闻以后，批评宰我："已经做过的事不用再追究了，已经完成的事不必再劝谏了，已经过去的事不要再去责备了。"

【原文】

子曰："管仲之器小哉！^①"

或曰："管仲俭乎？"曰："管氏有三归^②，官事不摄^③，焉得俭？"

"然则管仲知礼乎？"曰："邦君树塞门^④，管氏亦树塞门；邦君为两君之好，有反坫^⑤，管氏亦有反坫。管氏而知礼，孰不知礼？"

【注释】

①管仲：春秋时齐国人，字仲，名夷吾，齐桓公的宰相。

②三归：其说甚多，主要有：第一，按常例应缴纳给公家的市租。第二，三处府邸。第三，管仲所筑台名。第四，藏钱币的府库。第五，地名，乃管仲采邑。第六，娶三个女子。今取第一说。

③摄：兼职。

④塞门：筑于门口以挡视线的屏墙，如同后来的照壁。按礼制，此为天子诸侯所用。

⑤反坫（diàn）：土筑的平台，用于国君间会见的仪式上，宾主饮酒后，把空酒杯置于其上。

【译文】

孔子说："管仲的器量很小啊！"

有人问："管仲节俭吗？"孔子说："管仲获取了本该缴纳公家的许多市租，其下属人员都是专职而不兼任职事，哪里说得上节俭呀？"

人又问："那么管仲懂得礼？"孔子说："国君在门口树立屏墙，管仲也在门口树立屏墙。国君为了两国之间的友好交往，没有反坫，管仲也没有反坫。如果说管仲懂得礼，那还有谁就懂得礼呢？"

【原文】

子语鲁大师乐^①，曰："乐其可知也：始作，翕如也^②；从之^③，纯如也，皦如也^④，绎如也^⑤，以成。"

【注释】

①大师：乐管名。

②翕（xī）如：形容乐声的热烈。

③从（zòng）：放纵，展开。

④皦（jiǎo）如：形容乐声的清晰。

⑤绎如：形容乐声的连绵不断。

【译文】

孔子把演奏音乐的过程告诉鲁国大师，说："奏乐的过程是可以知道的：演奏开始，乐声热烈振奋，随着演奏的继续，乐声纯静和谐，清晰明亮，连绵悠长，乐曲就这样完成了。"

【原文】

仪封人请见①，曰："君子之至于斯也，吾未尝不得见也。"从者见之。出曰："二三子何患于丧乎②？天下之无道也久矣，天将以夫子为木铎③。"

【注释】

①仪：卫国邑名。封人：镇守边疆的官员。

②丧：这里指失去官位。

③木铎（duó）：以木为舌的铜铃，古代宣布政教法令时，常摇铃召集众人。这里比喻孔子将传道天下。

【译文】

仪邑的边防官请求与孔子见面，说："凡君子来到这里，我没有不相见的。"跟随孔子的学生带他见了孔子。他出来后对这些学生说："你们这些人哪里用得着担心没有官位呢？天下无道的情况已经很久了，上天将要把你们老师当作木铎了。"

【原文】

子谓《韶》①："尽美②矣，又尽善③也。"谓《武》④："尽美矣，未尽善也。"

【注释】

①《韶》：传说上古虞舜时的一组乐舞，也叫《太韶》。故舞乐中有一种太和之气，可称为"尽善"。

②美：指乐舞的艺术形式，音调声音之盛美。

③善：指乐舞的思想内容，蕴藉内涵之美。

④《武》：周代用于祭祀的"六舞"之一，是表现周武王战胜殷纣王的一组音乐和舞蹈，也叫"大武"。孔子认为武王伐纣虽顺应天意民心，但毕竟经过征战，故说"未尽善。"

【译文】

孔子谈到《韶》这一组舞说："美极了啊，又好极了。"谈到《武》这一组乐舞说："美极了啊，但还不够好。"

【原文】

子曰："居上不宽①，为礼不敬②，临丧不哀，吾何以观之哉？"

【注释】

①上：上位，高位，宽：待人宽厚，宽宏大量。

②敬：恭敬，郑重，慎重。

【译文】

孔子说："居上位，待人却不宽厚，举行仪式时不恭敬；参加丧礼时不表示哀悼，这让我如何能看得下去呢？"

里仁第四

【题解】

《里仁》篇包括26章，内容涉及到义与利的关系问题、个人的道德修养问题、孝敬父母的问题以及君子与小人的区别等儒家思想的若干重要范畴、原则和理论，对后世都产生过较大影响。

仁者兼爱，核心是爱人。仁是一种境界，一种操守，一种修为。仁者可以坚守道义，淡泊名利；仁者能够褒扬贬抑，秉持公正；仁者能够安守清贫，潜心修养；仁者重义而薄利，能节欲自律；仁者能见贤思齐，孝养父兄。仁德可以修身养性，也可治家兴国。仁德于心，若昭昭之日月，润泽万物，滋养大地，昌无迹可寻，却无处不在。

【原文】

子曰："里仁为美①，择不处仁②，焉得智？"

【注释】

①里仁为美：里，住处，这里借作动词用，意思是住在有仁者的地方才好。

②择不处仁：处（chǔ），居住。择，从上文看是指选择住处，但也可解释为选择职业，选择朋友等等。《孟子·公孙丑上》引本章，就是指择业而言。

【译文】

孔子说："要住在有仁者的地方才好。选择住处不选在有仁者的地方，还算什么明智呢？"

【原文】

子曰："不仁者不可以久处约①，不可以长处乐。仁者安仁②，知者利仁③。"

【注释】

①约：穷困。

②安仁：安于仁道。

③利仁：认为仁有利于己才去行仁，即有利则行，无利则止。

【译文】

孔子说："不仁的人不能长久地处于贫困中，也不能长久地处于安乐中。仁者是安于仁道，智者则是知道仁有利于己才去行仁。"

【原文】

子曰："唯仁者能好①人，能恶②人。"

【注释】

①好（hào）：喜爱。

②恶（wù）：憎恨。

【译文】

孔子说："只有仁者才能爱人，才能恨人。"

【原文】

子曰："苟志于仁矣，无恶①也。"

【注释】

①恶：这里有两种解释：一，善恶的恶，与上章恶字不同。二，好恶的恶，与上章恶字同义。

【译文】

孔子说："如果立志于仁，就不会做坏事了。"

【原文】

子曰："富与贵，是人之所欲也，不以其道得之，不处也；贫与贱，是人之所恶也，不以其道得之，不去也。君子去仁，恶乎^①成名？君子无终食之间违仁，造次^②必于是，颠沛^③必于是。"

【注释】

①恶（wū）乎：何；怎么。
②造次：急速，仓卒。
③颠沛：跌倒，形容人事困顿，社会动荡。

【译文】

孔子说："富贵是人人都想要的，但不是按照道的途径而获得的富贵，就不去接受它；贫贱是人人都厌恶的，但不是按照道的方式摆脱贫贱，就不去摆脱它。君子如果丧失了仁德，又怎能成就自身名声呢？君子从没有背离仁德，哪怕是一顿饭的时间，就是在仓卒匆忙的时候也一定按照仁道去做，就是在颠簸困顿的时候也一定遵守仁道。"

【原文】

子曰："我未见好仁者，恶不仁者。好仁者，无以尚^①之；恶不仁者，其为仁矣，不使不仁者加乎其身。有能一日用其力于仁矣乎？我未见力不足者。盖有之矣，我未之见也。^②"

【注释】

①尚：通上，用作动词，超过的意思。
②盖有之矣，我未之见也：盖，疑词，大概的意思。对"有之"二字有两种解释：一，是指肯用力而力不足者；二，是指肯一日用力于仁者。

【译文】

孔子说："我没有见过爱好仁德的人和厌恶不仁的人。爱好仁德的人，是不能再好的了；厌恶不仁的人，之所以行仁德，是避免不仁的东西加到自己身上。有人能把他一天的力量都用在仁上吗？我没有见力量不够的。大概力量不足的人还是有的，只是我没有见过罢了。"

【原文】

子曰："人之过也，各于其党。观过，斯知仁矣①。"

【注释】

①观过，斯知仁矣：只看他按仁道去做的表现还不能判断他是否真有仁心。而过错是人人力求避免，从一个人的错误最能看出他的内心真情。所以说"观过，斯知仁矣"。

【译文】

孔子说："人们的错误，总是与他的同类相类似。所以，考察一个人所犯的错误，就可以知道这个人的仁与不仁了。"

【原文】

子曰："朝闻道，夕死可矣。"

【译文】

孔子说："早晨听说了真理，即便当天晚上就死去，也可以无憾了。"

【原文】

子曰："士①志于道，而耻恶衣恶食者，未足与议也。"

【注释】

①士：古时称士农工商为四民，"凡学文武者为士"。

【译文】

孔子说："一个有志于道，但又以自己吃得不好穿得不好为耻辱的读书人，是不值得与他讨论道的。"

【原文】

子曰："君子之于天下也，无适也，无莫①也，义②之与比③。"

【注释】

①适（dí）、莫：适，通敌，专注；莫，不肯。无适、无莫就是无可无不可的意思。

②义：古人解释：义，宜也。凡是适宜的言行，就是符合于义的。

③比（bì）：有两种解释：一，亲近，相近；二，从，听从。

【译文】

孔子说："君子对天下的事，没有非这样做不可的理由，也没有一定不能这样做的规定，只是按照义去做。"

【原文】

子曰："君子怀①德，小人怀土②；君子怀刑③，小人怀惠。"

【注释】

①怀：有两种解释，一，思念；二，安于。

②土：乡土。

③刑：法制。

【译文】

孔子说："君子总想着道德，小人总想着乡土；君子总想着法制，小人总想着实惠。"

【原文】

子曰："放①于利而行，多怨②。"

【注释】

①放：有两种解释：一，放纵；二，依据。

②多怨：一般解释为多被别人所怨恨。

【译文】

孔子说："事事都根据个人利益而行动，会招致很多怨恨。"

【原文】

子曰："能以礼让为国乎？何有①？不能以礼让为国，如礼何②？"

【注释】

①何有：何难之有，不难的意思。

②如礼何：把礼怎么办？意思是说纵然有礼的形式，不以礼让治国，这礼也是无用的。

【译文】

孔子说："能够用礼让来治理国家吗？这有什么困难呢？如果不能用礼让来治国，那么礼又该怎么办呢？"

【原文】

子曰："不患无位，患所以立①。不患莫己知，求为可知也。"

【注释】

①所以立：指立身的才学，或立于其位的才学。

【译文】

孔子说："不愁没有职位，只愁自己没有能够胜任的才学本领；不愁没有人知道自己，只求自己有值得人们知道的真才实学。

【原文】

子曰："参①乎！吾道一以贯②之。"曾子曰："唯。"子出，门人问曰："何谓也？"曾子曰："夫子之道，忠恕③而已矣。"

【注释】

①参（shēn）：孔子得意门生曾子之名。

②贯：贯穿，贯通，统贯。

③忠恕：据朱熹注，尽自己的心去待人叫做忠，推己及人叫做恕。

【译文】

孔子说："参呀，我讲的道理是由一个基本的思想贯穿起来的。"曾子说："是。"孔子出去之后，同学问曾子："这是什么意思?"曾子说："先生的道，就是忠恕。"

【原文】

子曰："君子喻①于义，小人喻于利。"

【注释】

①喻：懂得。

【译文】

孔子说："君子懂得的是义，小人懂得的是利。"

【原文】

子曰："见贤思齐焉，见不贤而内自省也。"

【译文】

孔子说："看见贤者，就想着向他看齐；看见不贤的人，就反省自己做的怎么样。"

【原文】

子曰："事父母几①谏。见志不从，又敬不违，劳②而不怨。"

【注释】

①几（jī）：轻微，婉转。
②劳：忧愁。

【译文】

孔子说："侍奉父母，如果父母有不对的地方，就很委婉地劝诫。自己表达了意见，父母不听从，还是恭恭敬敬，并不违抗，虽然忧虑，但不怨恨。"

【原文】

子曰："父母在，不远游①。游必有方②。"

【注释】

①游：指游学、游宦，到外地去求学、做官。
②方：一定的地方。

【译文】

孔子说："父母在世，不出远门，如果不得已要出游，也必须有一定的去处。"

【原文】

子曰："父母之年，不可不知①也。一则以喜，一则以惧。"

【注释】

①知：这里是常记在心的意思。

【译文】

孔子说："父母的年龄应该时时记在心里。一方面为他们的长寿而高兴，一方面又为他们的衰老而忧惧。"

【原文】

子曰："古者言之不出，耻躬之不逮①也。"

【注释】

①逮：及、到。

【译文】

孔子说："古人从不轻易开口，是以自己的行为跟不上言语为可耻呀！"

【原文】

子曰："以约①失之者鲜矣。"

【注释】

①约：约束。

【译文】

孔子说："因为约束自己而犯错误的是很少的。"

【原文】

子曰："君子欲讷①于言而敏②于行。"

【注释】

①讷（nè）：（说话）迟钝。
②敏：敏捷。

【译文】

孔子说："君子总是要求自己言谈迟钝，而做事要敏捷。"

【原文】

子曰："德不孤，必有邻。"

【译文】

孔子说："有德之人不会孤单，必定会有与他亲近的人。"

【原文】

子游曰："事君数①，斯辱矣；朋友数，斯疏矣。"

【注释】

①数（shuò）：屡次，多次。引申为烦琐的意思。

【译文】

子游说："侍奉君主太烦琐，就会遭受屈辱；对待朋友太烦琐，就会被疏远了。"

公冶长第五

【题解】

《公冶长》篇包括28章，内容主要是孔子和其弟子探讨仁德的特征。

尘埃难掩美玉的高洁品质，美德自见人格的高贵魅力。君子应谦恭大度，行为庄重，求真务实，秉持大义，惠泽民众。崇高的人格是君子仁德的最高境界。

君子之行，在于消弭战事，安邦定国，使国家昌盛，使人民安康和谐。才有高下，仁德无疆。务求实事，虽无大才却能服务于民；躬身实践，虽无大言，却能默默奉献。仁德是君子修身的最崇高的理想。仁德是永恒的，仁德是我们慷慨从容、立身于天地之间的标尺。怀抱一颗仁善之心，淡泊名利，宽容待人，对生活不挑剔，对他人不苛刻。富而不行无义，贫而不起贪恋之心，这就是君子修炼仁德的处事智慧。

【原文】

子谓公冶长①："可妻②也。虽在缧绁③之中，非其罪也。"以其子④妻之。

【注释】

①公冶长：孔子弟子。齐国人，姓公冶，名长。
②妻（qì）：动词。
③缧绁：音（léi xiè），绳索。古时候用以拘执罪人的工具，这里借指监狱。
④子：子女。这里是女儿的意思。

【译文】

孔子谈论公冶长时说："可以把女儿嫁给他。虽然公冶长曾经被关进监狱，但罪过并不在于他。"于是便把自己的女儿嫁给他。

【原文】

子谓南容①："邦有道，不废；邦无道，免于刑戮。"以其兄之子妻之。

【注释】

①南容：孔子弟子南宫适，鲁国人，字子容。

【译文】

孔子评论南容时说："国家秩序井然有序的时候，他不被废弃而有禄位；国家统治混乱的时候，他也能免于刑罚。"于是便将自己兄长的女儿嫁给他。

【原文】

子谓子贱①："君子哉若人！鲁无君子者，斯焉取斯？"

【注释】

①子贱：孔子弟子，姓宓名不齐，字子贱，鲁国人。

【译文】

孔子评论子贱时说："这个人是君子啊！如果说鲁国没有君子，那么这个人的好品德是从哪里来的呢？"

【原文】

子贡问曰："赐也何如？"子曰："女①，器也。"曰："何器也？"曰："瑚琏②也。"

【注释】

①女（rǔ）：同汝，你。

①瑚琏（hú niǎn）：即簠簋，古代祭祀时用的盛黍稷的器皿。夏朝称瑚，商朝称琏。

子贡问孔子："我这个人怎么样啊？"孔子说："你像器皿一样是有用之人。"问："什么器皿啊？"孔子说："宗庙中盛黍稷的瑚琏。"

【原文】

或曰："雍①也仁而不佞②。"子曰："焉用佞？御人以口给③，屡憎于人。不知其仁，焉用佞？"

【注释】

①雍：孔子学生冉雍，字促弓。
②佞（nìng）：能言善辩。
③口给：口才机敏，辩才无碍。

【译文】

有人说："冉雍这个人有仁德但是没有口才。"孔子说："有口才又有什么用呢？即使是巧舌如簧，经常同人家争辩，最后的结果是招致人家的反感。我虽不知道冉雍是否真有仁德，然而哪里用得上口才呢？"

【原文】

子使漆雕开①仕。对曰："吾斯之未能信。"子说②。

【注释】

①漆雕开：孔子弟子，姓漆雕，名开。
②说：通"悦"，高兴。

【译文】

孔子让漆雕开出仕。漆凋开回答说："我在这件事上没有自信。"孔子听了十分愉快。

【原文】

子曰："道不行，乘桴①浮于海。从我者，其由与！"子路闻之喜。

子曰："由也好勇过我，无所取材^②。"

【注释】

①桴（fú）：木筏。

②无所取材：材通"裁"，裁定，裁夺。无所取材，就是不懂得裁夺事理。

【译文】

孔子说："我的学说不能被国君接受，我就要乘着木筏到海上漂流。能跟从我的，大约只有子路吧。"子路听了以后很高兴。孔子说："子路好勇武，这点在我之上，但是不懂得裁夺事理。"

【原文】

孟武伯问："子路仁乎？"子曰："不知也。"又问。子曰："由也，千乘之国，可使治其赋^①也，不知其仁也。""求也何如？"子曰："求也，千室之邑^②，百乘之家^③，可使为之宰^④也，不知其仁也。""赤^⑤也何如？"子曰："赤也，束带立于朝，可使与宾客言也，不知其仁也。"

【注释】

①赋：这里指兵役。

②邑：古代黎民百姓居住之所。

③家：卿大夫的封地。

④宰：家臣。

⑤赤：公西华，孔子弟子。

【译文】

孟武伯问孔子："子路'仁'吗？"孔子说："不知道。"孟武伯又问。孔子说："子路这个人，在有一千辆战车的国家，可以负责兵役征募之事，至于他是不是'仁'，我就不知道了。""那冉有怎么样呢？"孔子说："冉有这个人，在有千户人家的大邑，拥有百辆战车的大夫封地，可以出任家臣，但是我不知道他是不是'仁'。""公西华怎么样？"孔子说："公西华这个人，身穿朝服，可以与外来使臣往来交涉，但是我不知道他是不是‘仁’。”

【原文】

子谓子贡曰：“女与回也孰愈①？”对曰：“赐也何敢望②回？回也闻一以知十，赐也闻一以知二。”子曰：“弗如也。吾与汝弗如也。”

【注释】

①愈：厉害。这里是才德突出的意思。
②望：比。

【译文】

孔子问子贡说：“你和颜回，哪个更强一些？”子贡说：“我怎么能跟颜回相比？颜回能以一推十，而我只能以一知二。”孔子说：“不如啊。我和你都不如颜回啊。”

【原文】

宰予①昼寝。子曰：“朽木不可雕也，粪土之墙不可杇②也。于予与③何诛④？”子曰：“始吾于人也，听其言而信其行；今吾于人也，听其言而观其行。于予与改是！”

【注释】

①宰予：名我，孔子弟子。
②杇（wū）：用以涂墙的工具。这里意思是粉刷。
③与：语气词。
④诛：责备。

【译文】

宰予白天睡大觉。孔子说：“朽烂的木头不可以雕琢，粪土垒砌的墙不可以粉刷。宰予这种人，我有什么好指责的呢？”孔子说：“我早先对人的态度，是听了他的话，更相信他的行为；而现在我对人的态度，是听了他的话，然后观察他的行为。我的态度是从宰予白天睡觉这件事开始发生改变的。”

【原文】

子曰："吾未见刚者。"或对曰："申枨[①]。"子曰："枨也欲，焉得刚？"

【注释】

①申枨（chéng）：鲁国人。

【译文】

孔子说："我没有见到过刚正不阿的人。"有人回答说："申枨就是这样的人啊。"孔子说："申枨这个人私欲太重，怎么能算是刚正不阿呢？"

【原文】

子贡曰："我不欲人之加[①]诸我也，吾亦欲无加诸人。"子曰："赐也，非尔所及也。"

【注释】

①加：这里是勉强别人、强人所难的意思。

【译文】

子贡说："我不愿意别人强我所难，我也不强人所难。"孔子说："赐啊，这一点不是你所能做到的。"

【原文】

子贡曰："夫子之文章[①]，可得而闻也；夫子之言性与天道[②]，不可得而闻也。"

【注释】

①文章：指古代的典籍文献方面的修养。

②性与天道：性，人与生俱来的禀性；天道，吉凶祸福的规律。这些都是深微奥妙的道理，孔子存而不论。

【译文】

子贡说："先生在古代典籍文献方面的修养，我们可聆听老人家的教诲；但是先生关于人的禀性、吉凶祸福方面的论述，我们就无法听到了。"

【原文】

子路有闻，未之能行，唯恐有①闻。

【注释】

①有：通"又"。

【译文】

子路听到了夫子的教导，还没能够去做，就怕又听到新的教诲。

【原文】

子贡问曰："孔文子①何以谓之'文'也？"子曰："敏而好学，不耻下问，是以谓之'文'也。"

【注释】

①孔文子：卫国大夫孔圉。文是他的谥号。

【译文】

子贡问孔子："孔文子为什么谥号为'文'呢？"孔子说："他聪明好学，不以向身份和学问比他低的人请教为耻辱，因此被谥为'文'。"

【原文】

子谓子产①："有君子之道四焉：其行己也恭，其事上也敬，其养民也惠，其使民也义。"

【注释】

①子产：郑国大夫公孙侨，鲁襄公三十年时执政，是当时著名的贤相。

孔子评论子产说："他在四个方面符合君子之道：行事恭敬谨慎，侍奉国君充满虔敬，教养人民对他们有恩惠，使用民力能够把握分寸。"

【原文】

子张问曰："令尹子文①三仕②为令尹，无喜色；三已③之，无愠色。旧令尹之政，必以告新令尹。何如？"子曰："忠矣。"曰："仁矣乎？"曰："未知；焉得仁？"

"崔子④弑齐君，陈文子③有马十乘，弃而违⑥之。至于他邦，则曰，'犹吾大夫崔子也。'违之；之一邦，则又曰：'犹吾大夫崔子也。'违之。何如？"子曰："清矣。"曰："仁矣乎？"曰："未知；焉得仁？"

【注释】

①令尹子文：楚国称宰相为令尹。
②三仕：仕，出仕，为官。三，这里是虚数，言其多。
③已：罢免。
④崔子：齐大夫崔杼。他于鲁襄公二十五年杀掉了国君齐庄公。
⑤陈文子：齐国大夫须无。
⑥违：离开。

【译文】

子张问孔子："楚国的令尹子文曾多次任令尹之职，但是他从未因此流露出喜悦之色；曾多次被罢免，但从未因此显现出愠怒之色。换任的时候必将自己担当令君时的政务，如实告诉新令尹。这个人怎么样啊？"孔子说："这个人怀有忠心。"问："可算作仁吗？"回答说："不知道。这如何能算作是仁呢？""崔杼杀了他的国君齐庄公，陈文子有四十匹马，但他丢下这些马离开了崔杼。到了别的国家，就说：'和我的大夫崔杼一个样啊。'孔子说："他是一清明廉洁之人。"问："他可以算作是仁吗？"孔子说："不知道。这怎么能算作是仁呢？"

【原文】

季文子①三思②而后行。子闻之，曰："再③，斯可矣。"

【注释】

①季文子：鲁国的大夫季孙行父。
②三思：三，约数。思考多次。
③再：两次。

【译文】

季文子对一个问题经过反复的思量才去做。孔子听到这件事后说："想两次，也就够了。"

【原文】

子曰："宁武子①，邦有道则知，邦无道则愚②。其知可及也，其愚不可及也。"

【注释】

①宁武子：卫国大夫，姓宁，名俞。
②愚：昏聩。

【译文】

孔子说："宁武子这个人，国家治理得井然有序的时候，他很聪明；国家昏乱动荡的时候，他就装作懵懵懂懂的。他的聪明别人或许能够达到，但是他的装傻是没有人能比得上的。"

【原文】

子在陈，曰："归与！归与！吾党之小子狂简①，斐然成章②，不知所以裁③之。"

【注释】

①狂简：有远大的志向，但处事迂阔。

②斐然成章：文采华美的样子。
③裁：裁夺，这里是指导的意思。

【译文】

孔子在陈国，说："回去吧！回去吧！我们那里的年轻人努力进取，但是处事简慢，妄加穿凿以成文章，我不知道该怎么指导他们。"

【原文】

子曰："伯夷、叔齐①不念旧恶②，怨是用③希。"

【注释】

①伯夷、叔齐：孤竹君的两个儿子，孤竹君死后，他们弟兄两个都不肯继承父亲的君位，双双投奔周文王。武王伐纣，他们劝谏不成，逃到首阳山，发誓不吃周粟，采薇而食，最后饿死。
②恶：嫌隙、仇恨。
③是用：因此。

【译文】

孔子说："伯夷、叔齐不对已有的仇怨斤斤计较，所以别人对他们的怨愤自然也就少得多了。"

【原文】

子曰："孰谓微生高①直？或乞醯②焉，乞诸其邻而与之。"

【注释】

①微生高：姓微生，名高，鲁国人。
②醯（xī）：醋。

【译文】

孔子说："谁说微生高这个人行为正直？有人向他讨点醋，（他不拿自家的，）却问邻人那里讨一点给人家。"

【原文】

子曰:"巧言、令色、足恭①,左丘明②耻之,丘亦耻之。匿怨而友其人,左丘明耻之,丘亦耻之。"

【注释】

①足恭:过分的恭敬,即谄媚。
②左丘明:鲁国的太史。相传他是《左传》的作者。

【译文】

孔子说:"刻意雕饰语言,故意摆出和善的脸色,对人过分的恭敬,左丘明以此为耻辱,我也以此为耻辱;隐藏内心的怨恨反而同别人装作友好,左丘明以之为耻,我也以之为耻。"

【原文】

颜渊、季路侍①。子曰:"盍各言尔志?"子路曰:"愿车马、衣轻裘,与朋友共。敝之而无憾。"颜渊曰:"愿无伐善,无施劳②。"子路曰:"愿闻子之志!"子曰:"老者安之,朋友信之,少者怀之③。"

【注释】

①侍:站在一旁。
②无施劳:施,表白。无施劳就是不表白自己的功劳。
③少者怀之:年轻人怀念我。

【译文】

颜回、子路站在孔子身旁。孔子说:"何不说说你们的志向?"子路说:"我愿意把自己的车马、衣服与朋友们共享,即使破旧了也没有什么遗憾。"颜回说:"我愿意不炫耀自己的长处,不彰显自己的功劳。"子路说:"我们希望听到您的志向。"孔子说:"使老人们有安定的居处,使朋友们坦诚相待,使年轻人得到关怀。"

【原文】

子曰:"已矣乎!吾未见能见其过而内自讼①者也。"

【注释】

①讼：责备。

【译文】

孔子说："算了吧。我还没有见过自己认识到错误，而自我责备的人呢。"

【原文】

子曰："十室之邑，必有忠信如丘者焉，不如丘之好学也。"

【译文】

孔子说："只要有十户人家聚居的地方，一定会有像我这样忠心诚实的人，不过是不像我这样爱好学习呀。"

雍也第六

【题解】

《雍也》篇包括30章，涉及孔子对颜回极高的评价，和"中庸之道"、"恕"的学说，"文治"的思想，以及如何培养"仁德"的一些主张。

坚守宽宏持重，严谨自律，敬事职责的良好修为；摒弃存心轻率，散漫疏缓，怠慢渎职的懒散作风。"不迁怒，不贰过。"在有限的生命里，孜孜以学，猎获浩博的知识财富，提高生命的价值，升华自己的道德修养。

行大仁，守大义。宽恕别人，就是善待自己；坚守大义，就是人格的升华。胸襟博大如山岳高耸，思维激荡似江河滔滔。在人生的坎坷与追求中不断完善自我，用广博的知识和人格的魅力立身天地，惠顾万民。

【原文】

子曰："雍①也可使南面②。"

【注释】

①雍：孔子弟子冉雍，字仲弓。
②古时以坐北朝南为尊位、正位。所以无论天子、诸侯、卿大夫，当他作为长官司出现时，总是面南而坐的。

【译文】

孔子说："冉雍呀，可以让他担任某一部门或某一地方的长官。"

【原文】

仲弓问子桑伯子①。子曰："可也，简。"
仲弓曰："居②敬而行简，以临其民③，不亦可乎？居简而行简，无乃大简乎？"子曰："雍之言然。"

【注释】

①子桑伯子：人名。有的学者认为，子桑伯子是鲁国人，即《庄子》中所说的"子桑户"，与"琴张"为友；又有人以为是秦穆公时的"子桑"（公孙枝），但皆无确考。

②居：平时的做人，为人，居心。

③临：面对，面临，这里含有治理的意思。

【译文】

仲弓问孔子子桑伯子怎样。孔子说："（他办事）简要不繁琐。"仲弓说："以严肃的态度，简要的行事，来治理百姓，不也可以吗？（如果）立足于简约便利的立场而办事一切求简，岂不是太简单了吗？"孔子说："你说得很对。"

【原文】

哀公问："弟子孰为好学？"孔子对曰："有颜回者好学，不迁怒，不贰过。不幸短命死矣①。今也则亡②，未闻好学者也。"

【注释】

①颜渊死于鲁哀公十四年（前 481 年），年仅三十一岁。

②亡：通"无"。

【译文】

鲁哀公问："你的学生中，哪个好学？"孔子答道："有一个叫颜回的很好学，不拿别人出气；也不再犯同样的过错。不幸短命死了，从此，再也没听过好学的人了。"

【原文】

子华使于齐，冉子为其母请粟。子曰："与之釜①。"

请益。曰："与之庾②。"

冉子与之粟五秉③。

子曰："赤之适齐也，乘肥马，衣轻裘。吾闻之也：君子周急不继富。"

①釜：古代量器名，容量六斗四升。

②庾（yǔ）：古代量名，合二斗四升。

③秉：古代量名，一秉为十六斛。一斛十斗。

【译文】

子华出使到齐国去，冉有替他母亲向孔子请求给予小米。孔子说："给她六十斗四升。"

冉有请求增加一点。孔子说："再给她二斗四升。"

冉有却给了她八百斗小米。

孔子说："公西赤到齐国去，乘坐着壮马驾的车，穿着轻柔的皮袍。我听说：君子周济穷急的人，而不是为富有的人再增富。"

【原文】

原思为之宰①，与之粟九百，辞。子曰："毋！以与尔邻里乡党②乎！"

【注释】

①原思：孔子弟子原宪，字子思；之：用法同"其"，他的，指孔子而言。

②邻里乡党：古代五家为邻，二十五家为里，五百家为党，一万二千五百家为乡。

【译文】

原思担任孔子家的总管，孔子给他小米九百（斛），他不肯接受。孔子道："别推辞！多余的就给你的邻里同乡吧！"

【原文】

子谓仲弓，曰："犁牛之子骍且角①，虽欲勿用②，山川其舍诸？"

【注释】

①犁牛：杂色的耕牛；骍（xīng）：赤色，周朝尚赤，祭祀时也用赤色牲畜；角：形容词，角长得端正。

②用：用作牺牲。据《史记·仲尼弟子传》，仲弓的父亲地位低贱，孔子却认为其子"可使南面"。古代祭祀牺牲不用耕牛及耕牛之子。孔子这番话的意思是：耕牛之子如果够得上作牺牲，山川之神一定会接受这种祭享。那么。仲弓这样的人才，为什么因他父亲下贱而舍弃不用呢？

【译文】

孔子谈到冉雍，说："耕牛的儿子长着赤色的毛，整齐的角，虽然不想它作祭祀的牺牲，山川之神难道可以舍弃它吗？"

【原文】

子曰："回也，其心三月①不违仁。其余则日月②至焉而已矣。"

【注释】

①②三月、日月：这类词语必须灵活理解，不要被字面拘束；前者指长时间，后者指短时间。

【译文】

孔子说："颜回呀，他的心能够长久地持有仁德，别的学生，只是偶然想起一下罢了。"

【原文】

季康子①问："仲由可使从政也与？"子曰："由也果，于从政乎何有？"

曰："赐也可使从政也与？"曰："赐也达②，于从政乎何有③？"

曰："求也可使从政也与？"曰："求也艺，于从政乎何有？"

【注释】

①季康子：季桓子之子，公元前492年继其父任鲁国正卿。孔子的

弟子冉求，曾帮助季康子推行革新。

②达：明晓事理。

③何有：有何困难。

【译文】

季康子问孔子说："可以让仲由从政吗？"孔子说："仲由呀，办事果敢，从政有什么困难呢？"

又问："端木赐能够从政吗？"孔子说："端木赐呀，他通晓人情事理，从政有什么困难呢？"

又问："冉求能让他从政吗？"孔子说："冉求呀，他多才多艺，从政有什么困难呢？"

【原文】

季氏使闵子骞①为费宰。闵子骞曰："善为我辞焉！如有复我者，则吾必在汶上②矣。"

【注释】

①闵子骞：孔子学生闵损，字子骞。

②汶上：汶（wèn），水名，就是山东的大汶河。汶上，汶水之北，暗指齐国之地。

【译文】

季氏叫闵子骞做他封地费邑的长官。闵子骞对来人说："请好好地为我辞掉吧！如果再有人来找我，那我一定会逃到汶水以北（的齐国）去了。"

【原文】

伯牛①有疾，子问之，自牖②执其手，曰："亡之，命矣夫！斯人也而有斯疾也！斯人也而有斯疾也！"

【注释】

①伯牛：孔子学生冉耕，字伯牛。

②牖（yǒu）：窗户。

【译文】

伯牛生了病，孔子去慰问他，从窗子里握着他的手，痛惜地说道："活不成了，这就是命吧！这样的人，竟得这样的病呀！这样的人，竟得这样的病呀！"

【原文】

子曰："贤哉，回也！一箪食①，一瓢饮，在陋巷，人不堪其忧，回也不改其乐。贤哉，回也！"

【注释】

①箪（dān）古代盛饭的圆形竹器。

【译文】

孔子说："颜回真是贤良呀！一竹篮饭，一瓢水，住在狭小破旧的巷子里，别人都不堪那穷苦带来的忧愁，颜回却不变他本来的快乐。颜回真是贤良呀！"

【原文】

冉求曰："非不说子之道，力不足也。"子曰："力不足者，中道而废。今女画①。"

【注释】

①画：停止。

【译文】

冉求说："不是我不喜欢您的学说，是我的力量不够。"孔子说："如果力量不够，应走到中途而停下来。你现在是还未用力就已经停下来了。"

【原文】

子谓子夏曰："女为君子儒①！无为小人儒！"

【注释】

①女：通"汝"，你。君子儒：指通晓周礼典章制度，道德品质，人格高尚的儒者；反之，就是"小人儒。"

【译文】

孔子对子夏说："你要做一个有道德修养的像君子一样的学者，不要做缺少道德修养的像小人一样的学者。"

【原文】

子游为武城①宰。子曰："女得人焉尔乎？"曰："有澹台灭明②者，行不由径，非公事，未尝至于偃之室也。"

【注释】

①武城：鲁国城邑，在今山东费县西南。
②澹台灭明：字子羽，孔子弟子，从子游答话语气来看，此时他还没向孔子受业。

【译文】

子游做武城的长官，孔子道："你在所管的辖区得到什么人才没有？"他道："有个叫澹台灭明的，走路不挑小道捷径，不是因为公事，从不到我屋里来。"

【原文】

子曰："孟之反不伐①，奔而殿②。将入门，策其马③，曰：'非敢后也，马不进也。'"

【注释】

①孟之反：鲁国大夫，名侧。
②奔：败逃。殿：在最后。
③策：鞭打。

【译文】

孔子说:"孟之反不夸耀自己,军队打仗败退,他留在最后作掩护,将进城门时,他却鞭打着马,说:'不是我敢于殿后,是我的马不肯快跑。'"

【原文】

子曰:"不有祝鮀之佞①,而有宋朝之美②,难乎免于今之世矣。"

【注释】

①祝鮀(tuó):卫国大夫,字子鱼,能言善辩,又会阿谀逢迎,受到卫灵公的重用。

②宋朝:宋国的公子朝。《左传》记载了他因美貌而惹起乱子的事。

【译文】

孔子说:"假如没有祝鮀的能言善辩,而仅有宋朝的美貌,在如今这年头恐怕难逃祸害了。"

【原文】

子曰:"谁能出不由户①,何莫由斯道也?"

【注释】

①户:门。

【译文】

孔子说:"谁能走到屋外去,又不经过门户呀?可为什么没有人从我这条道行走呢?"

【原文】

子曰:"质胜文①则野,文胜质则史②。文质彬彬③,然后君子。"

【注释】

①质:质地,质朴、朴实内容,内在的思想感情;文:文采,华丽

的装饰，外在的礼仪。

②史：本义是宗庙里主管礼仪的祝官，官府里掌文书的史官。这里指像"史"那样，言词华丽，虚浮铺陈，心里并无诚意。含有浮夸虚伪的贬义。

③彬彬：文质兼备相称，文与质互相融和、配合恰当。

【译文】

孔子说："质朴胜过了文采，便像乡下人显得粗俗野蛮；文采超过了质朴，便像史官一样显得言辞浮夸。文采和质朴配合恰当，才像个君子。"

【原文】

子曰："人之生也直，罔①之生也幸而免。"

【注释】

①罔（wǎng）：诬罔，虚妄，指不正直的人。

【译文】

孔子说："人活在世上，凭借的是正直；不正直的人也得以存活下来，那是他侥幸免于祸害。"

【原文】

子曰："知之者不如好①之者，好之者不如乐之者。"

【注释】

①好（hào）：喜爱。

【译文】

孔子说："（对于学问、道德）懂得它的人比不上爱好它的人，爱好它的人不如以研究它为乐趣的人。"

【原文】

子曰："中人以上，可以语①上也；中人以下，不可以语上也。"

【注释】

①语（yù）：说，告，讲。

【译文】

孔子说："智力中等以上的人，可以告诉他高深学问；智力中等以下的人，不可以讲那些高深的学问。"

【原文】

樊迟问知，子曰："务①民之义，敬鬼神而远②之，可谓知矣。"问仁，曰："仁者先难而后获，可谓仁矣。"

【注释】

①务：从事于，致力于。
②远：动词，疏远。

【译文】

樊迟问怎样才算聪明。孔子说："一心一意使人民走向'义'，严肃地对待鬼神之事，却并不接近，就可以算是聪明了。"又问怎样才算有仁德。孔子说："仁人在获取成果时留在别人后面，这就是所谓仁德。"

【原文】

子曰："知者乐水①，仁者乐山②。知者动，仁者静。知者乐，仁者寿。"

【注释】

①知者乐水：知，通"智"水流动而不板滞，随岸赋形，与智者相似，故有此说。
②仁者乐山：山形巍然，屹立而不动摇，与仁者相似，故有此说。

【译文】

孔子说："聪明智慧的人喜爱水，有仁德的人喜爱山。聪明智慧的人活跃，有仁德的人沉静。聪明智慧的人常乐，有仁德的人长寿。"

【原文】

子曰："齐一变①，至于鲁；鲁一变，至于道。"

【注释】

①变：进行政治改革，推行教化。

【译文】

孔子说："齐国（的政治和教育）一经改革，便达到鲁国的程度；鲁国（的政治和教育）一经改革，便更进而合于先王之道了。"

【原文】

子曰："觚不觚①，觚哉！觚哉！"

【注释】

①觚（gū）：古代盛酒的器皿。这是孔子对当时事物名实不符发出的感慨。

【译文】

孔子说："觚不像个觚，这算是觚吗！这算是觚吗！"

【原文】

宰我问曰："仁者，虽告之曰：'井有仁①焉。'其从之也？"子曰："何为其然也？君子可逝②也，不可陷也；可欺也，不可罔③也。"

【注释】

①仁：仁人。
②逝：一去不返。
③罔：诬罔，愚弄。

【译文】

宰我问道："有仁德的人，如果告诉他，'一位仁人掉到井里啦。'

他是不是会跟着下去呢？"孔子道："怎么能是这样呢？君子可以让他一去不返，却不可以陷害他；可以骗他，却不可愚弄他。"

【原文】

子曰："君子博学于文，约之以礼，亦可以弗畔①矣夫！"

【注释】

①畔：通"叛"，背离，背叛。

【译文】

孔子说："君子广泛地学习文献，再用礼节约束自己，就可以不违背君子之道了吧！"

【原文】

子见南子①，子路不说。夫子矢②之曰："予所否者③，天厌之！天厌之！"

【注释】

①南子：宋国的美女，卫灵公的夫人，行为淫乱，名声不好。当时，卫灵公年老昏庸，南子实际上操纵、左右着卫国的政权。她派人召见孔子，孔子起初辞谢不见，但因依礼当见，不得已才去见了南子。
②矢：通"誓"，发誓。
③予所否者："所……者"，相当于"假如……的话"，古代用于誓言中。"否"，不是，不对，指做了什么不正当的事情。

【译文】

孔子会见了南子，子路不高兴。孔子发誓说："假如我做了什么不正当的事，上天厌弃我！上天厌弃我！"

【原文】

子曰："中庸①之为德也，其至矣乎！民鲜久矣"

①中庸：孔子的最高道德标准。中，折中，无过，过无不及，调和；庸，平常。其实就指折中的和平常的东西。

【译文】

孔子说："中庸作为一种道德，该是最高的了，大家丧失它已经很久了。"

【原文】

子贡曰："如有博施于民而能济众，何如？可谓仁乎？"子曰："何事于仁，必也圣乎！尧舜①其犹病诸！夫仁者，己欲立而立人，己欲达而达人。能近取譬②，可谓仁之方也已。"

【注释】

①尧舜：传说是上古两位贤明的君主，也是孔子心目中圣德的典范。

②近取譬：近，指切近的生活，自身。譬，比喻，比方。就自身打比方，推己及人。

【译文】

子贡说："如果一个人能够广泛地施惠于百姓，又能周济众人，这个人怎么样呢？可以说是仁人吗？"孔子说："何止是仁人，那必定是圣人了！尧、舜尚且因做不到这样而感到为难呢。作为仁人，自己想要立身，就要帮助别人立身；自己想要通达，就要帮助别人通达。凡事都能从切近的生活中将心比心，推己及人，可以说这是实行仁德的方法啊。"

述而第七

【题解】

《述而》篇包括38章，提出了孔子的教育思想和学习态度，孔子对仁德等重要道德范畴的进一步阐释，以及孔子的其他思想。本篇也是学者们在研究孔子和儒家思想时引述较多的篇章之一。

文化的发展在乎于承继前贤古学，而文化的弘扬更在于创新进取，催生智慧。学习既是传承，又是创新。传承是汲取精华的传承，创新是摒弃刻意标新立异的发展。掌握学习的方法，学会思考。只有学习的人生，才是充实的人生，美好的人生。面对竞争日益激烈的社会生活，我们没有理由不学习，也没有理由厌弃学业。"吾生也有涯，而知也无涯。"人的生命是有限的，放下虚浮，放下骄躁，潜心学业，不要为自己的人生留下遗憾，在学与思的过程中修养自己的美德操守。

【原文】

子曰："述而不作，信而好古，窃比于我老彭①。"

【注释】

①老彭：人名。有人说是商代的贤大夫，有的认为指老子和彭祖两人，有人说是殷商时代的彭祖，还有人说是孔子同时代的一人，众说纷纭，终无定论。

【译文】

孔子说："传授、阐述传统文化而不创建新说，信仰、热爱古代文化，我私下将自己比作老彭。"

【原文】

子曰："默而识之①，学而不厌，诲人不倦，何有于我哉？"

【注释】

①识：记住。

【译文】

孔子说："默默地把所见所闻记在心中，努力学习而不厌弃，教导别人不知疲倦，这些事对于我有什么困难的呢？"

【原文】

子曰："德之不修，学之不讲，闻义不能徙①，不善不能改，是吾忧也。"

【注释】

①徙（xǐ）：迁移。这里有靠拢，"照着……做"的意思。

【译文】

孔子说："不修养品德，不研究学问，听了正确的道理不能照着去做，有了错误不能改正，这些都是我所担忧的。"

【原文】

子之燕居①，申申如也，夭夭如也②。

【注释】

①燕居：闲居。
②申申、夭夭：都是形容舒畅和乐的样子。

【译文】

孔子在家闲居时，是那样的舒畅，那样的和乐。

【原文】

子曰："甚矣吾衰也！久矣吾不复梦见周公①！"

【注释】

①周公：姓姬，名旦，周文王之子，周武王之弟。曾辅佐周成王执政，制定了周代的礼乐制度。是孔子所崇仰的古代圣人。

【译文】

孔子说："我衰老得厉害啊！很长很长时间，都没有梦见周公了！"

【原文】

子曰："志于道，据于德，依于仁，游于艺①。"

【注释】

①艺：指六艺，指礼、乐、射、御、书、数六种科目。

【译文】

孔子说；"立志在'道'上，据守在'德'上，依凭在'仁'上，游乐在'艺'中。"

【原文】

子曰："自行束脩①以上，吾未尝无诲焉。"

【注释】

①束脩：一束干肉（十条）。古人初次见面时，带着礼物赠给对方，十条干肉是很薄的见面礼。

【译文】

孔子说："自愿送我十条以上干肉（作见面礼）的，我从来没有不给予教诲的。"

【原文】

子曰："不愤不启①，不悱不发②。举一隅不以三隅反③，则不复也。"

【注释】

①愤：指心欲求而未能做到。
②悱（fěi）：口想说而不能说出来的样子。
③隅：指方形物体的角。反：类推。

【译文】

孔子说："教导学生，不到他力求明白而未能明白的时候，我不去开导他；不到他想说却又说不出的时候，我不去启发他。对他举出一个角，他不能推知另外三个角，我就不再教他了。"

【原文】

子食于有丧者之侧，未尝饱也。

【译文】

孔子在有丧事的人旁边吃饭，从来没有吃饱过。

【原文】

子于是日哭，则不歌。

【译文】

孔子在（有丧事）那一天哭泣过，就不再唱歌。

【原文】

子谓颜渊曰："用之则行，舍之则藏，惟我与尔有是夫！"
子路曰："子行三军①，则谁与？"
子曰："暴虎冯河②，死而无悔者，吾不与也。必也临事而惧，好谋而成者也。"

【注释】

①三军：周制天子六军，诸侯大国三军，一军为一万二千五百人。春秋时大国多设三军，三军之名称，各国不同，有的称中军、上军、下

军，有的称中军、左军、右军、这里统成军队。

②暴虎冯（píng）河：暴虎，空手和老虎搏斗；冯河，不借助舟船涉河。

【译文】

孔子对颜渊说："出仕就行道于民，否则就藏道于身，等待时机，只有我和你能做到这点罢！

子路说："（如果）您统领军队，那么同谁一起共事?"

孔子说："空手斗虎，涉水过河，即便丢了性命也不后悔，我不与这样的人共事。我愿意同遇事警觉、喜欢谋划以求成功的人共事。

【原文】

子曰："富而可求也，虽执鞭之士①，吾亦为之。如不可求，从吾所好。"

【注释】

①执鞭之士：古代执鞭有两种人，一是为高官开道的差役，一是市场的守门人，这里指贱职。

【译文】

孔子说："财富如果可以求得，虽是执鞭贱职，我也愿意做。如果不可求得，还是做我喜欢的事情。"

【原文】

子之所慎：齐①，战，疾。

【注释】

①齐：同"斋"，即斋戒。古人在祭祀前，必先整洁身心，以示虔诚。其内容包括沐浴更衣，不饮酒，不吃荤，不与妻妾同居等项，这叫斋戒。

【译文】

孔子慎重对待的事是：斋戒、战争、疾病。

【原文】

子在齐闻《韶》^①，三月不知肉味，曰："不图为乐之至于斯也。"

【注释】

①《韶》：见《八佾篇》第二十五章注。

【译文】

孔子在齐国听了《韶》乐，很长时间内连吃肉都觉得没有味道，说："没想到（古人）创作的音乐，美妙到这般程度。"

【原文】

冉有曰："夫子为卫君^①乎？"子贡曰："诺，吾将问之。"

入，曰："伯夷、叔齐何人也^②？"曰："古之贤人也。"曰："怨乎？"曰："求仁而得仁，又何怨？"

出，曰："夫子不为也。"

【注释】

①卫君：指卫君蒯辄。他父亲是卫灵公的太子蒯聩，曾因得罪灵公而避难到晋国。灵公死后，立蒯辄为国君；后来，晋国为了寻找机会侵略卫国，故意把蒯聩送回国去，争夺君位，遭到蒯辄拒绝。冉有所问即指此事。

②伯夷、叔齐：商纣时孤竹国君的两个儿子。父亲临终曾定叔齐继位；父亲死后，叔齐遵循长子继位的惯例让位给伯夷，而伯夷不肯违弃父亲遗命，便逃走，叔齐也跟着一起逃走。

【译文】

冉有问道："老师会偏向卫君吗？"子贡说："好的，我去问他。"

走进孔子屋里，（子贡）问；"伯夷，叔齐是怎样的人？"（孔子）答："古代的贤人。"又问："（后来）他们心里怨恨吗？"（孔子）说；"他们追求仁而且得到了仁，又怨恨什么呢？"

（子贡）出来后说："老师是不会向着卫君的。"

【原文】

子曰："饭疏食饮水①，曲肱而枕之②，乐亦在其中矣。不义而富且贵，于我如浮云。"

【注释】

①疏食：粗粝的饭食。
②肱：手臂。

【译文】

孔子说："吃粗粮，喝清水，弯着手臂当作枕头，快乐也就在其中啊。如不合道义而得来的富贵，对于我如同浮云一样。"

【原文】

子曰："加我数年，五十以学《易》①，可以无大过矣。"

【注释】

①《易》：书名，古代用于卜筮。

【译文】

孔子说："给我增加几年寿命，让我在五十岁的时候去学《易》，就可以没有大的过失了。"

【原文】

子所雅言①，《诗》、《书》、执礼，皆雅言也。

【注释】

①雅言：春秋时代各地语言并不统一，但仍有较大范围内通行的语言，即以陕西语音为标准音的"官话"，当时称为"雅言"。

【译文】

孔子在有些场合用普通话：读《诗经》、《尚书》，主持行礼仪式时都是用普通话。

【原文】

叶公①问孔子于子路，子路不对。子曰："女奚不曰，'其为人也，发愤忘食，乐以忘忧，不知老之将至云尔'。"

【注释】

①叶公：楚国大夫沈诸梁，字子高，因在叶（shè）地当长官，故称叶公。

【译文】

叶公向子路了解孔子的为人，子路没有回答他。孔子（得知后）说："你为什么不说，他的为人呀，发愤用功忘了吃饭，心境愉乐忘了忧愁，连暮年就要到了也不觉得，如此而已。"

【原文】

子曰："我非生而知之者，好古，敏以求之者也。"

【译文】

孔子说："我不是生来就有知识的人，而是爱好古代文化，勤奋敏捷地去求得它的人。"

【原文】

子不语怪、力、乱、神。

【译文】

孔子不谈论怪异、强力、叛乱、鬼神。

【原文】

子曰："三人行，必有我师焉。择其善者而从之，其不善者而改之。"

【译文】

孔子说："三人同行，其中一定有人可以作为我的老师。我择取他们的优点而学习效法，看到他们的缺点而借鉴改正。"

【原文】

子曰："天生德于予，恒魋其如予何①？"

【注释】

①恒魋（tuí）：宋国司马向魋，因是宋恒公的后代，所以称恒魋。

【译文】

孔子说："天让我生有这样的品德，恒魋又能把我怎么样？"

【原文】

子曰："二三子以我为隐乎？吾无隐乎尔。吾无行而不与二三子者①，是丘也。"

【注释】

①与：这里是示的意思。

【译文】

孔子说："你们这些学生以为我有所隐瞒吗？我对你们没有什么隐瞒的。我没有一事不向你们公开，这就是我孔丘的为人。"

【原文】

子以四教：文、行、忠、信。

【译文】

孔子以四项内容教育学生：文献、德行、忠心、诚信。

【原文】

子曰："圣人，吾不得而见之矣；得见君子者，斯可矣。"

子曰："善人，吾不得而见之矣；得见有恒者，斯可矣。亡而为有，虚而为盈，约而为泰^①，难乎有恒矣。"

【注释】

①泰：奢侈。

【译文】

孔子说："圣人，我是不能看见了，能看见君子，就可以了。"

又说："善人，我是不能看见了，能看见保持操守的人，就可以了。本来没有却装作有，本来空虚却装作充实，本来穷困却装作豪奢，这样的人是很难保持操守的。"

【原文】

子钓而不纲^①，弋不射宿^②。

【注释】

①纲：网上的大绳。这里指捕鱼的方式，即以纲系住网截断水流，并在绳上挂钩以取鱼。

②弋：用带丝绳的箭来射。宿：指歇宿巢中的鸟。

【译文】

孔子钓鱼，不用大绳系住网钩截流取鱼。孔子射鸟，不射在巢中栖息的鸟。

【原文】

子曰："盖有不知而作之者，我无是也。多闻，择其善者而从之，多见而识之，知之次也^①。"

①知之次：《季氏篇》第九章孔子云："生而知之者，上也；学而知之者，次也。"这里说的"知之次"即指"学而知之者"，这是比较"生而知之者"而言。

【译文】

孔子说："大概有一种无知却凭空造作的人吧，我没有这种毛病。多听，选取那好的便依从它；多看，把看到的记在心里。这样学得知识，仅次于那种生来就知的情况。"

【原文】

互乡①难与言，童子见，门人惑。子曰："与其进也，不与其退也，唯何甚？人洁已以进，与其洁也，不保其往也。"

【注释】

①互乡：地名，所在地已无可考证。

【译文】

互乡人难以同他们讲理。但互乡的一个少年得到了孔子接见，弟子们感到疑惑。孔子说："赞成人家进步，不赞成人家退步，何必做得过分呢？人家洁身自好以求进步，就应当赞成他这一点，不能老是计较他的过去。"

【原文】

子曰："仁远乎哉？我欲仁，斯仁至矣。"

【译文】

孔子说："仁离我们很远吗？我想行仁，仁就来了。"

【原文】

陈司败问昭公①知礼乎，孔子曰："知礼。"

孔子退，揖巫马期②而进之，曰："吾闻君子不党，君子亦党乎？君取于吴，为同姓，谓之吴孟子③。君而知礼，孰不知礼？"

巫马期以告。子曰："丘也幸，苟有过，人必知之。"

【注释】

①陈司败：一说陈国大夫，司败，官名；一说是齐人，姓陈，名司败。昭公：即鲁昭公，鲁国国君。

②巫马期：姓巫马，名施，字子期，孔子的弟子。

③吴孟子：古代礼法规定"同姓不婚"。鲁国与吴国同为姬姓国家，按礼法鲁君不能娶吴国女子为婚。又，春秋时代国君夫人的称呼，一般是在她自己姓的前面加上她自己国家的国名。鲁昭公所娶的吴国女子，本当称"吴姬"，鲁昭公为掩饰自己违背"同姓不婚"的错误，便将这个女子改称为吴孟子。

【译文】

陈司败问孔子："昭公懂不懂礼？"孔子说："懂。"

孔子出来后，陈司败向巫马期作揖，请他上前来，对他说："我听说君子不袒护人，（难道）君子也会袒护吗？鲁君从吴国娶妻，是和自己同姓，（于是改）称她吴孟子。如果鲁君也算懂礼，那还有谁不懂礼？"

巫马期把这话告诉了孔子。孔子说；"我孔丘真幸运，只要有过错，别人就会让我知道。"

【原文】

子与人歌而善，必使反之，而后和之。

【译文】

孔子与人一起唱歌，如唱得好，必定让人再唱一遍，然后和他一同唱。

【原文】

子曰："文，莫吾犹人也①。躬行君子，则吾未之有得。"

【注释】

①莫：表示揣测，或许，大概。

【译文】

孔子说："就书本上的学问而言，大概我与别人差不多。但身体力行地做一个君子，我还没有达到。"

【原文】

子曰："若圣与仁，则吾岂敢？抑为之不厌，诲人不倦，则可谓云尔已矣。"公西华曰："正唯弟子不能学也。"

【译文】

孔子说："若说圣与仁，我怎么敢当？我只是学习工作从不厌烦，教诲别人从不疲倦，可说就是如此罢了。"公西华说："这正是我们弟子学不到的。"

【原文】

子疾病，子路请祷。子曰："有诸?"子路对曰："有之。《诔》①曰：'祷尔于上下神祇。'"子曰："丘之祷久矣。"

【注释】

①《诔》(lěi)：向鬼神祈祷的文章。

【译文】

孔子病重，子路请求（代老师）祈祷。孔子说："有这么做的必要吗?"子路回答说："有的。《诔》文上说：'替你向天地之神祈祷。'"孔子说："我早就祈祷过了。"

【原文】

子曰："奢则不孙①，俭则固②。与其不孙也，宁固。"

【注释】

①孙：通"逊"
②固：固陋。

【译文】

孔子说："豪奢就会显得傲慢，省俭就会显得固陋。与其傲慢，宁可固陋。"

【原文】

子曰："君子坦荡荡，小人长戚戚。"

【译文】

孔子说："君子心胸平坦宽广，小人经常局促忧愁。"

【原文】

子温而厉，威而不猛，恭而安。

【译文】

孔子温和而严厉，威严而不刚猛，恭敬而安详。

泰伯第八

【题解】

《泰伯》篇包括21章，主要内容涉及到孔子及其学生对尧、舜、禹等古代先王的评价，孔子教学方法和教育思想的进一步发挥；孔子道德思想的具体内容以及曾子在若干问题上的见解。

有大德者，顺乎民意，执政兴国；有至德者，让贤于人，推举有德之人执政。注重道德修养的人，不屑于加冠虚名，而在乎躬身实践，谋利于万民。盛德者效法天地，施仁德于四方，惠及宇内；大智者承载前贤之志，笃信好学，死守善道。处世为人当以此为楷模，修身养性，培养德操。德之所养，如春雨之润物，非一如之功，却能渐次而浸，滋养万物。

【原文】

子曰："泰伯①，其可谓至德也已矣！三以天下让，民无得而称焉。"

【注释】

①泰伯：周太王的长子。太王有三子，长泰伯，次仲雍，次季历。那时商势日衰，周日强大；季历又生子昌，有圣德，太王因有翦商的志，而泰伯不从，太王遂欲传位季历以及昌；泰伯知道太王的意思，遂同仲雍逃至吴。

【译文】

孔子说："泰伯可称得上有极高的德行了，再三把天下让出去，百姓真不知如何称赞他呢。"

【原文】

子曰："恭而无礼则劳，慎而无礼则葸①，勇而无礼则乱，直而无礼则绞②。君子③笃④于亲，则民兴⑤于仁；故旧不遗⑥，则民不偷⑦。"

【注释】

①葸（xǐ）：畏怯。
②绞：急切，焦虑。
③君子：指为政在上的。
④笃：厚。
⑤兴：起。
⑥遗：忘。
⑦偷：薄。

【译文】

孔子说："谦恭而无礼，反而劳苦；谨慎而无礼，反而畏怯；勇往而无礼，就生出祸乱；爽直而无礼，就觉得急切。"

君子厚待至亲，民众就兴起仁爱之心；君子不遗忘从前相交，民众就不做偷薄之事。

【原文】

曾子有疾，召门弟子曰："启①予足！启予手！《诗》②云，'战战兢兢③，如临深渊④，如履薄冰。'而今而后，吾知免夫！小子⑤！"

【注释】

①启：是开，曾子平日以为身体受于父母，不敢毁伤，所以叫学生开了被一看。
②《诗》:《诗经·小旻篇》。
③战战兢兢：战战，是恐惧；兢兢，是戒谨。
④渊：深潭。
⑤小子：是对学生的称呼。

【译文】

曾子生了病，差人召门下弟子都来到床前，吩咐道："打开被，看看我的脚，打开被，看看我的手，《诗经》上说:''战战兢兢，如同站在深潭边怕坠落，如同踏在薄冰上怕沉陷。'从今以后，我才晓得自己本可免于损伤呢！你们学生听着呀！"

【原文】

曾子有疾，孟敬子①问之。曾子言曰："鸟之将死，其鸣也哀；人之将死，其言也善。君子所贵②乎道者三：动容貌，斯远暴慢③矣；正颜色，斯近信矣；出辞气④，斯远鄙倍⑤矣。笾豆⑥之事，则有司⑦存。"

【注释】

①孟敬子：是鲁大夫，名捷。

②贵：看重。

③暴慢：暴，暴躁；慢，傲慢。

④辞气：辞，是言语；气，是声气。

⑤鄙倍：鄙，粗陋；倍，同"背"，背谬。

⑥笾豆：笾，竹编的祭器。

⑦有司：有职务的官。

【译文】

曾子生病了，孟敬子来慰问。曾子说道："鸟到将死时，它的鸣声就哀；人到将死时，他说话就善。上位的君子，所贵重的道理有三件：注意容貌，就离开暴躁傲慢了；端正脸色，就接近诚信了；发出言语声气，就离开粗陋背谬了。至于笾豆琐屑的事情，自有专管的人在那里照料呢。"

【原文】

曾子曰："以能问于不能，以多问于寡；有若无，实若虚，犯而不校①。昔者吾友②尝从事于斯矣。"

【注释】

①校：计较。

②友：指颜渊。

【译文】

曾子说："自己能的，不自以为能，还要去问那不能的；自己本领多，不自以为多，还要去问那本领少的；有了学问，像没有学问似的；学问充实，像学问空虚似的；有人触犯，却不和他计较；从前我的好友，曾在这些方面用功。"

【原文】

曾子曰："可以托六尺之孤①，可以寄百里之命②，临大节而不可夺也。君子人与？君子人也。"

【注释】

①六尺之孤：六尺，是身材幼小；孤，是孤儿。六尺之孤，指一国幼主。

②命：政令。

【译文】

曾子说："可以把幼小的孤儿托付给他；可以把国家的政令交付给他；关键时刻不能改变他的志向，可算得君子么？可以算得君子了。"

【原文】

曾子曰："士不可以不弘毅①，任②重而道③远。仁以为己任，不亦重乎？死而后已，不亦远乎？"

【注释】

①弘毅：弘，是宽广；毅，是坚强。

②任：担当。

③道：路。

【译文】

曾子说："读书人不可以不心胸宽广，意志坚强，责任很重，路途又很遥远。以仁为自己的责任，不也很重的担当么？直做到死才罢休，不也很远么？"

【原文】

子曰："兴①于诗②，立于礼③，成于乐④。"

【注释】

①兴：起。

②诗：古人作诗，触景生情，都是眼前道理；而且音韵悠扬，最易感人。

③礼：礼以恭敬为本，而且事事都立个规矩。

④乐：古人作乐，取法天地阴阳，造成律吕；而律吕音节都应合阴阳和气；最能怡养人性情。

【译文】

孔子说："兴起向善的志气在诗上；立定做事的脚跟在礼上；成就天然的工夫在乐上。"

【原文】

子曰："民可使由之①，不可使知之。"

【注释】

①之：指理。

【译文】

孔子说："对于民众，只能引导他到人人应该走的道路上，却不能叫他懂得其中所以然的理。"

【原文】

子曰："好勇疾①贫，乱也。人而不仁，疾之已甚，乱也。"

【注释】

①疾：恨。

【译文】

孔子说:"好力斗勇,厌恨贫穷,必致作乱了。对于不仁的人,厌恨太过,必然致乱了。"

【原文】

子曰:"如有周公之才之美①,使骄②且吝③,其余不足观也矣!"

【注释】

①才美:智能技艺的美。

②骄:矜夸。

③吝:鄙啬。

【译文】

孔子说:"如果有周公的那样精湛的才艺,但使他矜夸自大而且鄙啬,其余的才艺,也都不足看了。"

【原文】

子曰:"三年学,不至①于谷②,不易得也。"

【注释】

①至:朱注疑当作"志"。

②谷:是禄。

【译文】

孔子说:"学习三年,却无志向在俸禄上,这种人是不容易得到的。"

【原文】

子曰:"笃①信好学,守死善道。危邦不入,乱邦不居。天下有道则见②,无道则隐③。邦有道,贫且贱焉,耻也;邦无道,富且贵焉,耻也。"

【注释】

①笃：真切。

②见：出仕。

③隐：隐居。

【译文】

孔子说："真切的信仰道理，又须专心好学；拼死去守这道理，又须谋划妥善。危险的国家不进去，混乱的国家不居住。天下若是有道，就出仕；若是无道，就隐居。遇着国家有道，如果贫穷而且卑贱，是可耻的；遇着国家无道，如果富足而且尊贵，也是可耻的。"

【原文】

子曰："不在其位，不谋①其政。"

【注释】

①谋：考虑，参与。

【译文】

孔子说："不在他的职位，不可参与他的政事。"

【原文】

子曰："师挚①之始②，《关雎》之乱③，洋洋④乎！盈⑤耳哉！"

【注释】

①师挚：鲁国乐师，名挚，又名乙。

②始：挚初做乐师。孔子从卫国回到鲁国时，适师挚在官之初。

③乱：乐的末章。

④洋洋：美盛的意思。

⑤盈：是满。

【译文】

孔子说："师挚初做乐师的时候，从初奏到《关雎》那首诗的末章，极盛极好的声音啊！耳中充满了美妙的音乐！"

【原文】

子曰："狂而不直，侗①而不愿②，悾悾③而不信，吾不知之矣。"

【注释】

①侗（tōng）：无知。
②愿：谨厚。
③悾悾（kōng）：无能。

【译文】

孔子说："疏狂而不直爽；无知而不谨厚；无能而不诚信，我不知他是何等人。"

【原文】

子曰："学①如不及，犹恐失之。"

【注释】

①学：做学问。

【译文】

孔子说："人的为学，不仅像赶路一样总是觉得赶不上，还恐怕落后失误。"

【原文】

子曰："巍巍①乎！舜、禹之有天下也，而不与②焉。"

【注释】

①巍巍：是高大的样子。

②不与：不相关。意思是说不以位为乐。

【译文】

孔子说："高大啊！舜、禹有了天下，竟不以为意呢。"

【原文】

子曰："大哉尧之为君也！巍巍乎！唯①天为大，唯尧则②之。荡荡③乎！民无能名④焉。巍巍乎！其有成功也；焕⑤乎！其有文章⑥！"

【注释】

①唯：独。
②则：准。
③荡荡：广远。
④名：称。
⑤焕：光明的样子。
⑥文章：像礼乐制度等。

【译文】

孔子说："伟大的很啊！尧做君上呢！高大啊！只有天是大的，只有尧能够与天相匹，远得很啊！民众简直不知道怎样称扬他呢。高大啊！他有作成的功业呢；光明得很啊！他留下的礼制文献光彩夺目。"

【原文】

舜有臣五人①而天下治。武王曰："予有乱②臣十人。"孔子曰："才难③，不其然乎？唐虞④之际⑤，于斯⑥为盛⑦；有妇人焉，九人而已。三分天下有其二⑧，以服事殷。周之德，其可谓至德也已矣。"

【注释】

①五人：是禹、稷、契、皋陶、伯益。
②予有乱：见《书经·泰誓中》。乱：是治，善于治国之能臣十人，是周公旦、召公奭、太公望、毕公、荣公、太颠、闳夭散宜生、南公适，还有一人是王后姜氏。

③才难：是古语。

④唐虞：尧舜有天下的号。

⑤际：交会之间。

⑥斯：指十乱。

⑦盛：贴唐虞谥。

⑧三分：文王率领商朝的畔国去服事纣，那时天下归文王的有六州，是荆、梁、雍、豫、徐、扬；只有青、燕、冀三州尚属纣。

【译文】

舜有五个臣，那天下就太平。武王说："我有治天下的十个臣子。"孔子论到这事，说道："古人常说人才的难得，不是诚然的么！唐虞两朝交接的时候，比周的十人算是盛；但十人内有一妇人，其实只有九个了。文王在位时候，三分天下，有了二分，还事奉殷朝；周朝的德，可说得上是极上的德呢。"

【原文】

子曰："禹，吾无间①然矣。菲②饮食，而致孝乎鬼神③；恶衣服④，而致美乎黻冕⑤；卑宫室而尽力乎沟洫⑥。禹，无吾间然矣。"

【注释】

①间：漏缝。

②菲：音匪，薄。

③致孝乎鬼神：祭品很丰富。

④衣服：常服。

⑤黻冕：黻，音弗。是蔽膝。冕，面上是冠。都是祭服。

⑥沟洫：田间水道。

【译文】

孔子说："大禹，我找不出他的纰漏呢。饮食极菲薄，到祭祀鬼神时，却极孝顺；衣服极粗恶，到祭祀时所用的黻冕，却极华美；宫室极卑陋，对民间田间沟洫，却尽力开通。大禹，我找不出他的纰漏呢。"

子罕第九

【题解】

《子罕》篇包括31章，涉及孔子的道德教育思想；孔子弟子对其师的议论；以及孔子的其他一些活动。

人生的意义在于追求，追求的人生才会更加的精彩。命运是每一个人用自己的双手营造的结果。不辞艰辛的努力奋斗，命运将厚赐于你；避实就轻，虚浮幻想未来，命运将给予你一个虚度的人生。"计利则害义"，君子不言利与命，重在躬身实践。有道是：谋事在人，成事在天。从政能清正廉明，光明磊落；持家能侍奉父母，敬事兄长；待人能宽厚仁爱，恭敬和蔼；做事能脚踏实地，任劳任怨。尽心的付出了，不一定会功成名就，不一定能获得别人的赞许，但只要你用心去做了，就无愧于心，无愧于人生。

【原文】

子罕①言利与②命③与④仁。

【注释】

①罕：少。
②与：连词，和。
③命：天命，上天的意志和命令。
④与：动词，赞许。

【译文】

孔子很少谈到功德和天命，却称赞仁德。

【原文】

达巷①党②人曰："大哉孔子！博学而无所成名。"子闻之，谓门弟子曰："吾何执③？执御乎？执射乎？吾执御矣。"

【注释】

①达巷：地名。

②党：五百户人家居住的地方。

③执：掌握，指掌握专门的技能。

【译文】

达巷乡里有人说："孔子真伟大啊！学问渊博，但是没有什么可出名的专长。"孔子听了这话便对学生们说："我干什么呢？驾车吗？射箭吗？我驾车好了。"

【原文】

子曰："麻冕①，礼也；今也纯②，俭③。吾从众。拜下④，礼也；今拜乎上⑤，泰也。虽违众，吾从下。"

【注释】

①麻冕：麻布制成的礼帽。

②纯：丝绸。

③俭：俭省。当时做麻冕的麻布，规定要用二千四百根订线织成二尺二寸宽（约合现在的一尺五寸），很费工，反不如用丝线俭省。

④拜下：臣见君，先在堂下拜（磕头），君打招呼后才到堂上拜。

⑤拜乎上：臣见君，不先在堂下拜，而直接到堂上拜。

【译文】

孔子说："用麻布制成礼帽，是符合礼仪的。现在大家都用丝绸来做，这样比较节俭，我赞同大家的做法。臣见君主先在堂下叩拜然后再到堂上叩拜，这同样是符合礼仪的。而现在直接在堂上叩拜，就显得不够尊重了。尽管有违背大家普遍的做法，我还是要先在堂下叩拜的。"

【原文】

子绝①四：毋意②，毋必③，毋固④，毋我。

【注释】

①绝：断绝，杜绝。
②意：同"臆"，臆测，主观地推测。
③必：必定，必然，这里指绝对化，妄下断语。
④固：固执，坚持己见，不肯改变，即固执己见。

【译文】

孔子杜绝了四种弊病。提倡：思考不要凭空臆测，说话不要妄下断语，做人不要固执己见，处事不要我行我素。

【原文】

子畏于匡①。曰："文王②既没③，文不在兹乎？天之将丧斯文也，后死者④不得与⑤于斯文也；天之未丧斯文也，匡人其如予何⑥？"

【注释】

①子畏于匡：畏：被拘禁。匡：地名。孔子支陈时经过匡地，被匡地的人围困。
②文王：周文王，姓姬，名昌，西周开国之君周武王的父亲。
③没：同"殁"，死去。
④后死者：孔子自称。
⑤与：这里同"举"，掌握的意思。
⑥如予何：奈我何，把我怎么样。

【译文】

孔子被拘禁在匡地，说："周文王死了以后，周代的礼乐文化不都是我在整理吗？社会要想毁灭这些文化遗产，那我就不能掌握它了。社会要是不想毁灭这些文化遗产，那匡人又把我怎么样呢？"

【原文】

太宰①问于子贡曰："夫子圣者与？何其多能也？"子贡曰："固天纵②之将圣，又多能也。"子闻之，曰："太宰知我乎！吾少也贱③，故多能鄙事④。君子多乎哉？不多也。"

【注释】

①太宰：官名，掌管国君宫廷事务的官。

②纵：让，使。

③贱：地位低微。

④鄙事：鄙：谦辞，如鄙人，鄙见，这里的"鄙"可不译。事：技艺。另外，鄙还有"卑贱"的意思，"卑贱"旧时指出身或地位低微，并无卑鄙下贱之意。

【译文】

太宰问子贡说："孔夫子是位圣人吧？为什么这样多才多艺呢？"子贡说："这本是上天让他成为圣人，而且使他多才多艺。"孔子听了这件事说："太宰怎么会了解我呢？我少年时地位低微，所以学了一些谋生的技艺。拥有这些技艺的君子多吗？是不会多的。"

【原文】

牢①曰："子云，'吾不试②，故艺③'。"

【注释】

①牢：姓琴，名牢，字子开，一字子张，春秋时期卫国人，孔子的学生。

②试：被任用，即做官。

③艺：技艺。

【译文】

子牢说："孔子说过：'我年轻的时候没有被任用，所以才学了一些技艺'。"

【原文】

子曰："吾有知乎哉？无知也。有鄙夫①问于我，空空如也②，我叩③其两端④而竭⑤焉。"

【注释】

①鄙夫：鄙人，知识浅陋的。

②空空如也：形容什么也没有的样子，这里指无知的样子。

③叩（kòu）：叩问，探究。

④两端：两头，指正反、始终、本末、上下等两方面。

⑤竭：穷尽，尽力探究。

【译文】

孔子说："我有知识吗？没有知识。有个知识浅陋的人问我，我对于他的问题本来一点也不知道，但我抓住问题的正反两面竭力探究。"

【原文】

子曰："凤鸟①不至，河不出图②，吾已矣夫！"

【注释】

①凤鸟：即凤凰，雄性叫作凤，雌性叫作凰，古代传说中的一种神鸟。传说凤凰在舜在位时飞来过，在文王在位时于歧山鸣叫过，它的出现象征着"圣王"将要出现，预示着圣明之世的到来。

②河不出图：传说上古伏羲时代，黄河中有龙马背负八卦图而出。它的出现象征着"圣王"将要出现，预示着文明之祥。

【译文】

孔子说："凤凰不来了，黄河也不出现八卦图了，我这一生到此为止了吧？"

【原文】

子见齐衰①者、冕衣裳者②与瞽者③，见之，虽少④，必作⑤；过之，必趋⑥。

【注释】

①齐衰（zī cuī）：丧服。

②冕衣裳者：冕，官帽；衣，上衣；裳，下服，这里指礼帽、礼服。

③瞽（gǔ）者：盲人，这里指乐师。

④少：少年。

⑤作：站起来，表示敬意。

⑥趋：快步走，表示敬意。

【译文】

孔子遇见治丧的人、戴礼帽穿礼服的人和盲人时，尽管对方年轻，也一定要站起来；在这些人面前走过时，一定加快步伐。

【原文】

颜渊喟然①叹曰："仰之弥②高，钻③之弥坚；瞻④之在前，忽焉在后！夫子循循然⑤善诱人，博我以文，约我以礼。欲罢不能，既竭吾才，如有所立卓尔⑥。虽欲从之，末由⑦也已！"

【注释】

①喟（kuì）然：叹息的样子。

②弥（mí）：更加，越发。

③钻：钻研。

④瞻（zhān）：视，看。

⑤循循然：有次序的样子。

⑥卓尔：高大的样子。

⑦末由：末，无、没有。由：途径，这里是办法的意思。

【译文】

颜渊感叹道："我抬头仰望越望越觉得高，我努力钻研越钻研越觉得深；看着好像在前面，忽然又像在后面，简直叫人难以捉摸。老师善于一步一步地教导我，用各种典籍来丰富我的知识，又用各种礼节引导我的行动，使我想停止前进也不可能，直到竭尽了我的才力好像有一个十分高大的东西立在前面，虽然想要攀登上去，却没有办法。"

【原文】

子疾病①，子路使门人为臣②。病闲③，曰："久矣哉！由之行诈④也，无臣而为有臣。吾谁欺？欺天乎？且予与其死于臣之手也，无宁死于二三子之手乎？且予纵不得大葬⑤，予死于道路乎？"

【注释】

①病：这里指重病。

②为臣：臣，指家臣。孔子当时已不是大夫，没有家臣，但子路叫门人充当孔子的家臣，准备以大夫之礼安葬孔子。

③闲（jiàn）：同"间"，间隙，这里指病势转轻。

④诈：弄虚作假，欺诈。

⑤大葬：奴隶主贵族死后举行的隆重葬礼，这里指大夫的葬礼。

【译文】

孔子病重，子路派自己的学生去做孔子的家臣负责料理后事。后来孔子的病好些，便说："很久了吧！仲由很久以来就干这种骗人的勾当了！我明明没有家臣却一定要装作有家臣。我骗谁呢？骗老天爷吗？况且我与其死在家臣手里，还不如死在你们这些学生的手里。再说，我即使不能以大夫之礼来安葬，难道我就会死在道路上吗？"

【原文】

子贡曰："有美玉于斯，韫椟①而藏诸？求善贾而沽诸？"子曰："沽之哉！沽之哉！我待贾者也。"

【注释】

①韫（yùn）椟（dú）：韫，收藏。椟，匣子。韫椟：即收藏在匣子里。

【译文】

子贡说："这里有一块美玉，是把它收藏在匣子里，还是找一个识货的商人卖掉呢？"孔子说："卖掉吧！卖掉吧！我正等待识货之人呢！"

【原文】

子欲居九夷①。或曰："陋②，如之何？"子曰："君子居之，何陋之有？"

【注释】

①九夷（yí）：是对我国东部地区兄弟民族的总称。

②陋：陋俗，不好的风俗。

【译文】

孔子想要搬到九夷那个地方去居住。有人说："那里风俗鄙陋，怎么办呢？"孔子说："君子住在那里，还有什么陋俗呢？"

【原文】

子曰："吾自卫反鲁①，然后乐正，《雅》、《颂》②各得其所。"

【注释】

①自卫反鲁：孔子于鲁哀公十一年冬从卫国回鲁国，结束了十四年的游说生活。

②雅颂：《雅》指《诗经》中的《大雅》、《小雅》，《颂》指《诗经》中的《周颂》、《鲁颂》、《商颂》。

【译文】

孔子说："我从卫国回到鲁国，然后对乐曲进行了校正，《雅》和《颂》都得到相应改善。

【原文】

子曰："出则事公卿①，入则事父兄，丧事不敢不勉②，不为酒困，何有于我哉？"

【注释】

①公卿：指国君和大臣。

②勉：努力去办。

【译文】

孔子说："在外侍奉国君大臣，在家孝敬父母兄长，对丧事不敢不努力置办，喝酒不醉倒，我对这些事会有什么困难呢？"

【原文】

子在川上①，曰："逝者如斯夫②！不舍③昼夜。"

【注释】

①川上：河边。
②夫：语气词。
③舍：止，停留。

【译文】

孔子在河边上说："时间像这河水一样消逝，昼夜不息啊。"

【原文】

子曰："吾未见好德如好色①者也。"

【注释】

①色：女色，美色。

【译文】

孔子说："我没有见过爱好仁德像爱好美色那样的人。"

【原文】

子曰："譬如为山，未成一篑①，止，吾止也；譬如平地，虽覆一篑，进，吾往也！"

【注释】

①篑（kuì）：装土的筐。

孔子说:"譬如用土堆山,只差一筐土就堆成了,停止,是自己要停止的。譬如用土平地,即使倒了一筐土,前进,也是自己要前进的。"

【原文】

子曰:"语之而不惰①者,其回也与②!"

【注释】

①惰:懒惰。
②与:同"欤"语气词。

【译文】

孔子(谈到颜渊时)说:"听我讲话而不懒惰,这个人就是颜回吧!"

【原文】

子谓颜渊,曰:"惜①乎!吾见其进也,未见其止也。"

【注释】

①惜:可惜,为品德高尚的学生颜渊早逝而感到惋惜。

【译文】

孔子在谈到颜渊时说:"可惜这个人死了!我只看见他不断进步,从没有见他停止过。"

【原文】

子曰:"苗①而不秀②者有矣夫!秀而不实者有矣夫!"

【注释】

①苗:出苗。
②秀:植物吐穗开花。

【译文】

孔子说:"出苗而不吐穗扬花的庄稼是有的!吐穗扬花而不灌浆结果的庄稼也是有的!"

【原文】

子曰:"后生①可畏,焉知来者之不如今也?四十、五十而无闻焉,斯亦不足畏②也已。"

【注释】

①后生:指青少年。
②畏:敬畏。

【译文】

孔子说:"后生是可敬畏的,怎么能知道他的将来不如现在呢?然而如果他到了四五十岁还是默默无闻,那也就没有什么可敬畏的了。"

【原文】

子曰:"法语之言①,能无从乎?改之为贵。巽与之言②,能无说乎?绎之为贵。说而不绎③,从而不改,吾末如之何也已矣!"

【注释】

①法语之言:"法"指礼仪规则。"法语之言"指合乎礼的话。
②巽(xùn)与之言:巽:谦逊。与:称许。"巽与之言"指顺耳好听的言词。
③绎(yì):本指抽丝,这里指分析鉴别。

【译文】

孔子说:"符合礼仪的话,能不听从吗?既然听从,那么,只有按礼仪的要求改正自己的行为才是可贵的。顺耳好听的话,谁能听了不高兴呢?但只有分析辨别才是可贵的。只是高兴不去分析,只是听从而不去改正,我拿这种人实在没有办法。"

【原文】

子曰："主①忠信，毋②友不如己者，过③则勿惮④改。"

【注释】

①主：主动接近。
②毋：不要。
③过：过失，过错。
④惮（dàn）：害怕。

【译文】

孔子说："主动接近忠信的人，不要结交不如自己忠信的人，有过错就不怕改正。"

【原文】

子曰："三军①可夺帅也，匹夫②不可夺志③也。"

【注释】

①三军：周制，为当时诸侯中的大国所拥有的军队，每军一万二千五百个人。
②匹夫：一个人。
③志：志向，意志。

【译文】

孔子说："三军的主帅是可以俘虏过来的，一个人的意志是不能强加改变的。"

【原文】

子曰："衣敝缊袍①，与衣狐貉者②立，而不耻者，其由也与？'不忮不求，何用不臧③？'"子路终身诵之。子曰："是道也，何足以臧？"

【注释】

①衣（yì）敝缊袍：衣：动词，穿。敝：坏。缊（yùn）：旧的丝棉絮。敝缊袍：指破旧的丝棉袍子。

②衣狐貉（hé）者：穿狐貉皮袍的人。

③不忮（zhì）不求，何用有臧（zāng）：见《诗经·邶风·雄雉》篇。忮：嫉妒。求：贪求。臧：善，好。

【译文】

孔子说："穿着破旧丝棉袍子和穿着狐貉皮袍的人一起站着，而不认为耻辱的，大概只有仲由吧？《诗经》上说：''不嫉妒，不贪求，有什么不好呢？''"子路听后，终日诵读这两句诗。孔子又说："这么一点道理，哪里够得上好呢？"

【原文】

子曰："岁寒，然后知松柏之后凋也。"

【译文】

孔子说："到了寒冷的季节，才看得出松柏是最后凋零的。"

【原文】

子曰："知①者不惑，仁者不忧，勇者不惧。"

【注释】

①知：通"智"，聪明的人。

【译文】

孔子说："聪明的人不会困惑，仁德的人不会忧愁，勇敢的人不会畏惧。"

【原文】

子曰："可与①共学，未可与适②道；可与适道，未可与立；可与立，未可与权。"

"唐棣之华，偏其反而。岂不尔思，室是远而。③"子曰："未之思也，夫何远之有？"

【注释】

①与：与之，介词结构作状语，宾语省略。

②适：往，这里是达到、学到的意思。

③唐棣（dì）之华：出处现已无法查考。唐棣又写做棠棣、常棣，是一种果树。华：花。一般树木开花都是先合后开，唐棣开花却先开后合，违反常规，故说"反而"。

【译文】

孔子说："可以同他一起学习，未必可同他一起学道；可以同他一起学道，未必可以同他一起守道；可以同他一起守道，未必可以同他一起权衡轻重。古诗说：'唐棣树的花，摇摆着先开后合。难道我不思念你？你住得太远了。'"孔子又说："没有思考前面的道理吧，要不怎么会以为离道太远了呢？"

乡党第十

【题解】

《乡党》篇共 27 章，集中记载了孔子在朝则态度恭敬而有威仪，不卑不亢，敢于讲话，他在国君面前，温和恭顺，局促不安，庄重严肃又诚惶诚恐；在乡里则谦逊和善的形象。从孔子的言谈举止、衣食住行、音容笑貌等日常生活的一些侧面，颂扬孔子是个一举一动都符合礼的正人君子，为人们全面了解孔子、研究孔子，提供了生动的素材，给人留下了十分深刻的印象。

"圣人之所谓道者，不离乎日用之间也。故夫子之平日，一动一静，门人皆审视而详记之。"对乡邻和睦以诗，对道义凛然大义，对国家义字当先，对君王雍容有礼。平和诗物，不骄躁自夸，不倚老卖老，也不卑躬屈膝。以谦恭大度的胸怀处世诗人，从容温婉、潇洒大方，用实际行动服务人民，奉献社会。

【原文】

孔子于乡党，恂恂[1]如也，似不能言者。其在宗庙、朝廷，便便[2]言，唯谨尔。

【注释】

[1] 恂恂（xún）：信实谦卑，温和恭顺，而郑重谨慎的样子。
[2] 便便（pián）：擅长谈论，善辩。

【译文】

孔子在家乡，非常诚信谦卑、温和恭顺，似乎是不善于讲话的人。（但是）在宗庙祭祀、在朝廷会见君臣的场合，他非常善于言谈，辩论详明，只是比较谨慎罢了。

【原文】

朝，与下大夫[1]言，侃侃如也；与上大夫言，訚訚[2]如也。君在，踧踏③如也，与与④如也。

①下大夫：周代，诸侯以下是大夫。孔子当时的地位，属下大夫。
②闇闇（yín）：和颜悦色，而能中正诚恳，尽言相诤。
③踧踖（cù jí）：恭敬而又不安的样子。
④与与：慢步行走，非常小心谨慎的样子。

【译文】

上朝时，同下大夫交谈，露出和气愉快的样子；与上大夫交谈，显出恭敬温和的样子。君主临朝时，显出恭敬谨慎、威仪适中的样子。

【原文】

君召使摈①，色勃如②也，足躩③如也。揖所与立，左右手，衣前后，襜④如也。趋进，翼如也。宾退，必复命曰："宾不顾矣。"

【注释】

①摈（bìn）：通"傧"，古代称接待宾客的负责官员。这里用作动词，指国君下令，使孔子去接待外宾。
②勃如：心情兴奋紧张，脸表现得庄重矜诗。
③躩（jué）：快步前进，脚旋转而表敬意。
④襜（chān）：衣服整齐飘动。

【译文】

国君下令使孔子接待外宾，孔子的脸色立刻庄重起来，向同他站在一道的人作揖时，时而向左拱手，时而向右拱手，衣服前后摆动，都很整齐。他快步向前时，姿态像要展翅飞翔的小鸟。宾客走了以后，一定向国君回报说："宾客已经走了。"

【原文】

入公门，鞠躬如也，如不容。立不中门，行不履阈①。过位②，色勃如也，足躩如也，其言似不足者。摄齐③升堂，鞠躬如也，屏气似不息者。出，降一等④，逞颜色，怡怡如也。没阶，趋进，翼如也。复其位，踧踖如也。

【注释】

①阈（yù）：门限，门槛。

②过位：按照古代礼节，君王上朝与群臣相见时，前殿正中门屏之间的位置是君王所立之位。到议论政事进入内殿时，群臣都要经过前殿君王所立的位子，这时君王并不在，只是一虚位，但大夫们"过位"时，为了尊重君王，态度仍必须恭敬严肃。

③摄齐：摄，提起，抠起。齐（zī），衣服缝了边的下襟、下摆。朝臣升堂时，一般要双手提起官服的下襟，离地一尺左右，以恐前后踩着衣襟导致倾跌失礼这种动作称为"摄齐"。

④降一等：从台阶走向下一级。

【译文】

孔子进入朝廷大门时，总是恭敬谨慎的样子，好像不容自己进去似的。不停在有门的中间，步行不踩门槛。经过国君空着的座位时，脸色顿时庄重起来，步子加快，话音放低，像说话力气不足似的。提起衣摆上堂，谨慎小心的样子。敛身憋气，像停住了呼吸一般。从堂上退出，走下了一级台阶，脸色才舒展开来，显得轻松愉快。走完台阶，快步向前走，像鸟儿展翅一样。回到自己座位，依然显出恭敬谨慎的样子。

【原文】

执圭①，鞠躬如也，如不胜。上如揖，下如授。勃如战色，足蹜蹜②，如有循。享礼③，有容色。私觌④，愉愉如也。

【注释】

①圭（guī）：一种上圆下方的长条形玉器。举行聘、祭祀、丧葬等礼仪大典时，帝王、诸侯、大夫手里都要拿着这种玉器。依不同的地位身份，所拿的圭也各有不同。这里指大夫出使到别的诸侯国去，手里拿着代表本国君主的圭，作为信物。

②蹜蹜（sù）：形容脚步细碎紧密，一种小步快走的样子。

③享礼：向对方贡献礼品的仪式。享，献。

④觌（dí）：见面，会见，以礼相见。

【译文】

孔子奉命出使到别的诸侯国，举着圭，小心谨慎，好像举不动的样子。向上举好像作揖，放下来好像递给别人东西。脸色庄重而昂扬，好像战战兢兢；迈步又小又快，好像沿着一条直线往前走。在赠送礼品的仪式上，显出和颜悦色。（以个人身份）私下会见时，满脸笑容。

【原文】

君子不以绀緅饰①。红紫不以为亵服②。

当暑，袗絺绤③，必表而出之。

缁衣④，羔裘⑤；素衣，麑裘⑥；黄衣，狐裘。

亵裘长，短右袂⑦。

必有寝衣⑧，长一身有半。

狐貉之厚以居⑨。

去丧，无所不佩。

非帷裳⑩，必杀之⑪。

羔裘玄冠不以吊⑫。

吉月⑬，必朝服而朝。

【注释】

①绀：深青透红的颜色，这是祭服的颜色。緅（zōu）：比绀更暗的一种颜色，这是丧服的颜色。饰：镶边。

②红紫：是当时贵重的颜色。或说红紫不是正色。今从前说。亵服：家居衣服。

③袗（zhěn）：单衣。絺（chī）：细葛布。绤（xì）：粗葛布。

④缁（zī）衣：黑色上衣。古代的皮衣毛向外，外需加罩衣，且颜色当与皮衣毛色相同，这里的缁衣及以下素衣、黄衣均指套在皮衣外的罩衣。缁，黑色。

⑤羔裘：指黑色的羊毛皮衣。

⑥麑：小鹿，毛白色。

⑦短右袂：把右边的衣袖做短些，便于做事。袂，袖子。

⑧寝衣：即被子。

⑨居：坐。

⑩帷裳：上朝和祭祀时穿的礼服，用整幅布制成，有多余的布缝成褶子，不加裁剪。⑪杀：裁去。⑫玄冠：黑色的礼帽。羔裘玄冠都是吉服，故不可穿着去吊丧。⑬吉月：正月，这里指正月初一。

【译文】

君子不用深青透红和黑中透红的颜色作衣服的镶边。不用红色紫色作家居的衣服。

夏天，穿粗葛布或细葛布做的单衣，但如果出去则一定套上外衣。

黑色的外套配羔羊皮裘，白色的外套配小鹿皮裘，黄色的外套配狐皮裘。

居家穿的皮裘做得较长，但把右边袖子做得短些。

睡觉一定要有被子，长度为身长再过半。

用狐貉的厚毛做坐垫。

丧期满了以后，什么饰物都可佩带在身上。

只要不是上朝和祭祀须整幅布制作的礼服，一定裁去多余的布。

不穿戴黑色羔裘和黑色礼帽去吊丧。

正月初一，一定穿着上朝礼服去朝见君主。

【原文】

齐①，必有明衣②，布。齐，必变食③，居必迁坐④。

【注释】

①齐：通"斋"，斋戒。

②明衣：指斋戒期间沐浴后所换穿的贴身衣服。

③变食：改变平常的饮食，特指不饮酒，不吃荤，不吃葱蒜韭等有异味的东西。

④居必迁坐：住处要从内室（平时的卧室）迁到外室，不与妻妾同房。

【译文】

斋戒时，一定要有洗澡后换穿的干净内衣，要用布做的。斋戒时，一定要改变饮食，一定要另居一室，不与妻妾同房。

【原文】

食不厌①精，脍②不厌细。食饐而餲③，鱼馁④而肉败，不食。色恶，不食。臭恶，不食。失饪，不食。不时⑤，不食。割不正，不食。不得其酱，不食。肉虽多，不使胜食气⑥，惟酒无量，不及乱。沽酒市脯不食。不撤姜食，不多食。

【注释】

①不厌：不厌烦，不排斥，不以为不对。

②脍（kuài）：细切的鱼肉。

③饐（yì）：食物长久存放，陈旧了，霉烂变质了；餲（ài）：食物放久变了味，馊了。

④馁（něi）：鱼类不新鲜了，腐烂了；败：肉类不新鲜了，腐烂了。

⑤不时：不到该吃的时候，指吃饭要定时。一说，不吃过了时的、不新鲜的蔬菜。另说，不到成熟期的粮食、果、菜，不能吃，吃了会伤人。

⑥气：通"饩（xì）"，粮食。

【译文】

饮食不怕做得精，鱼肉不怕切得细。粮食陈旧变味了，鱼不新鲜了，肉腐烂了，就不再食用。食物的颜色变了，不吃。有难闻的味道了，不吃。烹煮的不得当，不吃。不到该吃的时候，不吃。不按一定方法宰割的肉，不吃。酱、醋和料放得不适当，不吃。每逢宴席肉虽然多，却不要超过主食的数量。唯独酒无限量，但不能喝到昏醉的程度。买来的酒和市上的熟肉干不吃。不去掉姜。不要多吃。

【原文】

祭于公，不宿肉①。祭肉不出三日②。出三日，不食之矣。

【注释】

①不宿肉：古代国君祭祀，大夫、士有助祭之礼民，祭礼结束，国君把祭肉赐与助祭之臣，这些肉在祭礼上已放置数日，因此不可再存放一夜。宿，过夜。

②祭肉：指家祭的肉。

【译文】

参加国君举行的祭祀典礼，所得的祭肉不能再存放一夜。家祭的肉存放不能超过三天。如果超过三天，就不再吃了。

【原文】

食不语，寝不言。

【译文】

吃饭时不交谈，睡觉时不说话。

【原文】

虽疏食菜羹①，必祭②，必齐如也③。

【注释】

①疏食：粗粝的饭食。菜羹：蔬菜做的汤。

②必：一本作"瓜"，当以"必"为是。祭：这里指古代饭前的一种祭礼，即将席上食品各取少许，置于食器之间，用以祭先代发明饮食的人，表示不忘本。

③齐：通"斋"，严肃恭敬的样子。

【译文】

虽然是粗粝的饭食和蔬菜汤。在用餐前也一定先行祭礼，而且一定是恭恭敬敬的。

【原文】

席不正,不坐。

【译文】

坐席放得不端正,不坐。

【原文】

乡人饮酒①,杖者②出,斯出矣。

【注释】

①乡人饮酒:此指乡饮酒礼,古代在乡里举行的一种礼仪,这种礼仪突出敬老的主题。

②杖者:拄拐杖的人,即老人。

【译文】

行乡饮酒礼后,(孔子)等老年人先离席了,自己才出去。

【原文】

乡人傩①,朝服而立于阼②阶。

【注释】

①傩(nuó):古代在腊月里举行的迎神赛会、驱疫逐鬼的一种仪式。

②阼(zuò):大堂前面靠东面的台阶。这里是主人站立以欢迎客人的地方。

【译文】

本乡的人们举行迎神赛会驱疫逐鬼仪式时,孔子总是穿着朝服站立在家庙东面的台阶上,以免惊吓到先祖。

【原文】

问①人于他邦,再拜而送之。

【注释】

①问：问候，问好。这里指托别人代为致意。

【译文】

（孔子）托别人代为问候在其他诸候国的朋友时，必定躬身下拜，拜两次，才送走所托之人。

【原文】

康子①馈②药，拜而受之。曰："丘未达③，不敢尝。"

【注释】

①康子：即季康子。
②馈（kuì）：赠送。按当时的礼节，接受别人送的药时要当面尝一尝。
③达：了解，通达事理。

【译文】

季康子赠药，（孔子）拜谢而接受了。并说："我对药性不了解，不敢尝。"

【原文】

厩①焚。子退朝，曰："伤人乎？"不问马。

【注释】

①厩（jiù）：马棚，马房。后也泛指牲口房。

【译文】

马棚失火焚毁了。孔子从朝廷回来，问："伤到人了吗？"却不问马的情况如何。

【原文】

君赐食，必正席先尝之；君赐腥①，必熟而荐之②；君赐生，必畜之。侍食于君，君祭，先饭。

【注释】

①腥：生肉。

②荐：供奉，进献。这里指煮熟了肉先放在祖先灵位前上供，表示进奉。本章所述各种作法，都是表示敬意。

【译文】

国君赐给食物，孔子一定摆正坐席，先尝一尝。国君赐给生肉，孔子一定煮熟了供奉祖先。国君赐给活的牲畜，一定饲养起来，以示珍惜国君的恩惠。陪同国君一起吃饭，当国君饭前行祭礼时，自己先吃饭不夹菜。

【原文】

疾，君视之，东首①，加朝服，拖绅②。

【注释】

①东首：即头朝东躺着。这里表示正面对着国君。

②绅：古代士大夫束在腰间的大带，一端下垂。

【译文】

孔子生病了，国君来探视，孔子头朝东面，把上朝的礼服披在身上，拖着大带。

【原文】

君命召，不俟驾行矣。

【译文】

国君召唤，孔子不等驾好马车，就先步行前往。

【原文】

入太庙，每事问。①

【注释】

①此章重出，已见《八佾篇》第十五章。

【原文】

朋友死，无所归①。曰："于我殡。"

【注释】

①归：指后事的安排，如装殓、发丧、埋葬等。

【译文】

朋友死了，没有亲属给他办丧事，孔子说："由我来操办吧。"

【原文】

朋友之馈，虽车马，非祭肉，不拜。

【译文】

朋友的馈赠，即使是车马，但只要不是祭肉，孔子在接受时不行拜礼。

【原文】

寝不尸，居不容①。

【注释】

①居：坐。容：宾客，这里用作动词，指像做客或接待客人那样郑重地坐着——两膝平跪，挺直腰板，是一种比较费力的姿势。这一句，有的版本是"居中容"。意思则成为：平日居家可以随便一点，不必像祭祀或接待宾客时那样拘谨，使自己的容貌仪态十分郑重严肃。

【译文】

（孔子）睡觉时不是像死尸那样直挺挺的躺着，平日在家坐着，也不像做客或接待客人那样神情严肃。

【原文】

见齐衰者，虽狎必变①。见冕者与瞽者，虽亵必以貌②。

凶服者式之③。式负版者④。

有盛馔，必变色而作⑤。

迅雷风烈必变。

【注释】

①狎：亲近。

②亵：常相见。

③凶服：丧服。式：通"轼"，车前横木，可让乘者凭扶。

④版：国家的图籍。

⑤作：立起。

【译文】

看见穿丧服的人，即使是很熟悉的，一定改变神情以示哀悼。看见戴着礼帽的人和盲人，即使常常相见，也一定显得很礼貌。

在车上遇到穿丧服的人，一定俯身凭轼致哀。遇见背负国家图籍的人就俯身凭轼致敬。

遇有丰盛的宴席，一定改变神色起立致意。

遇有疾雷大风，一定改变神色以示敬畏。

【原文】

升车，必正立执绥①。车中，不内顾②，不疾言，不亲指。

【注释】

①绥（suí）：车上绳子登车时作拉手用。

②不内顾：《鲁论语》无"不"字。内顾即收敛视线，不乱看之意。

【译文】

孔子上车时，一定先站正了身子，拉住扶手上的索带再登车。在车上不四处乱看，不急促地高声说话，也不用手指指点点。

【原文】

色斯举矣①。翔而后集。曰："山梁雌雉，时哉！时哉！"子路共②之，三嗅而作③。

【注释】

①色斯举矣："色"，脸色。"举"，鸟飞起来。这句话的文字可能有错漏之处。可能是说：孔子在山谷中走，看见一群山鸡在自由飞翔，心有感触，神色动了一下。

②共：通"拱"，拱手抱举致敬、致意。

③三嗅：指野鸡长叫了几声。一说"嗅"，当作"狊"，鸟类张开两翅的样子。

【译文】

孔子看到了一群野鸡飞起来不禁神色一动。这群野鸡飞翔了一阵之后，停落在树上。孔子说："山梁上的雌野鸡，识时务呀。"子路听见后向野鸡拱了拱手，野鸡长叫了几声，飞走了。

先进第十一

【题解】

《先进》篇共有 26 章，包括孔子对弟子们的评价，对中庸思想的论述，学习与做官的关系，面对鬼神、生死问题的态度，以及孔子和他的学生们在政治思想上的倾向。

岁月沧桑，天道轮回。君子立身，应志存高远，安贫乐道。"素富贵，行乎富贵；素穷贱，行乎穷贱。"安分而执着于自己的追求，体悟生命的真谛，平庸的活着，不如辉煌的逝去。生命的意义不在于其长度，而在于生命历程的质量。不投机取巧，不虚浮骄躁，用心专一，安守寂寞，肩挑责任的重担，心怀万民之疾苦，勇于进取，勇于实践，踏实地汲取知识的养料，是金子就一定能够发光。

名利如烟云，过眼即逝，一时的喧嚣与聒噪，都会随岁月的变迁而没入沉寂，唯有完善的人格和高洁的品质，孜孜以学的精神会在岁月的涤荡中熠熠生辉。

【原文】

子曰："先进于礼乐，野人①也；后进②于礼乐，君子也。如用之，则吾从先进。"

【注释】

①野人：乡野平民或粗鲁的人。

②先进、后进：有多种解释。这里介绍两种：一，指孔子学生中的前辈后辈。前辈如颜渊、闵子骞、仲弓、子路等人，后辈如子游、子夏。全章大意是说，先进的一辈在礼乐方面比较质朴，像是朴野之人。后进的一辈则于礼乐的规定上讲得较为细密，"文胜其质"，像是君子。在这两种人中孔子宁要质朴的先进一辈；二，指先学习礼乐然后做官的人与先当了官再学习礼乐的人。前者是平民，所以称野人；后者是贵族世家，所以称君子。在用人时孔子主张用前一种人。

【译文】

孔子说："先学习礼乐而后做官的，是原来没有爵禄的平民；先当了官再学习礼乐的，是原来就有爵禄的君子。如果要选用人才，那我主张用先学习礼乐的人。"

【原文】

子曰："从我于陈、蔡①者，皆不及门②也。"德行：颜渊、闵子骞、冉伯牛、仲弓。言语：宰我、子贡。政事：冉有、季路。文学③：子游、子夏。

【注释】

①从我于陈、蔡：陈、蔡，国名。孔子曾在从陈去蔡的途中。被陈、蔡人围困，以至绝粮。当时有不少学生跟着他。

②不及门：有两种解释：一，及门指及仕进之门，即当官；二，不在门，即不在孔子身边。

③言语、文学：言语指善于辞令和外交应对，文学指通晓诗书礼乐等古代文献。

【译文】

孔子说："在陈、蔡之间遭难时跟我的门人弟子，现在都不在我这里了。"德行好的有颜渊、闵子骞、冉伯牛、仲弓。善于辞令的有宰我、子贡。擅长政事的有冉有、季路。通晓文献知识的有子游、子夏。

【原文】

子曰："回也非助我者也！于吾言无所不说。"

【译文】

孔子说："颜回不是对我有帮助的人，他对我说的话没有不心悦诚服的。"

【原文】

子曰："孝哉闵子骞！人不间①于其父母昆弟之言。"

①间：非难、批评的意思。

孔子说："闵子骞真是孝啊！别人对于他父母兄弟称赞他的话从来没有什么异议。"

南容三复白圭①，孔子以其兄之子妻之。

①南容三复圭：白圭指《诗经·大雅·抑》的诗句："白圭之玷，尚可磨也；斯言之玷，不可为也。"意思是白玉上的污点还可以磨掉，我们言论中有毛病就没法挽回了，告诫人们言语要谨慎。

南容反复诵读"白圭之玷，尚可磨也；斯言之玷，不可为也"的诗句。孔子把侄女嫁给了他。

季康子问："弟子孰为好学？"孔子对曰："有颜回者好学，不幸短命死矣，今也则亡。"

季康子问："你的学生中谁好学？"孔子答道："一个叫颜回的学生好学，不幸短命死了，现在没有这样的人了。"

颜渊死，颜路①请子之车以为之椁②。子曰："才不才，亦各言其子也③。鲤④也死，有棺而无椁。吾不徒行以为之椁。以吾从大夫之后，不可徒行也。"

【注释】

①颜路：颜渊的父亲，名无繇。亦是孔子的学生。

②椁：外棺。

③才不才，亦各言其子：才，有才华。不才，无才华。分别指颜渊和孔鲤。这句话的意思是，不管颜渊、孔鲤有才无才，总还各是你我的儿子。

④鲤：孔子的儿子，字伯鱼。

【译文】

颜渊死了，颜路请求孔子把车子卖给颜渊做一个椁。孔子说："不管有才能还是没才能，总都是自己的儿子。孔鲤死的时候，也是有棺无椁。我没有把车卖了自己步行来给他买椁。因为我还跟随在大夫之后，是不可以步行的。"

【原文】

颜渊死，子曰："噫！天丧予！天丧予！"

【译文】

颜渊死了，孔子说："唉！天要我的命呀！天要我的命呀！"

【原文】

颜渊死，子哭之恸①。从者曰："子恸矣。"曰："有恸乎？非夫②人之为恸而谁为？"

【注释】

①恸：哀伤过度。

②夫（fú）：指示代词，夫人指颜渊。

【译文】

颜渊死了，孔子哭得极其悲痛。跟随的人说："你悲痛过度了。"孔子说："我是悲痛过度了吗？我不为他而悲痛过度，又为谁呢？"

【原文】

颜渊死，门人欲厚葬之。子曰："不可。"门人厚葬之。子曰："回也视予犹父也，予不得视犹子也。非我也，夫^①二三子也。"

【注释】

①夫：语助词。

【译文】

颜渊死了，孔子的学生们想要厚葬他。孔子说："不可以。"学生们还是厚葬了颜渊。孔子说："颜回对待我就像父亲一样，而我却不能像对待儿子那样对待他。不是我要这样，是那些学生们想要这样做呀。"

【原文】

季路问事鬼神。子曰："未能事人，焉能事鬼？""敢问死？"曰："未知生，焉知死？"

【译文】

子路问怎样侍奉鬼神。孔子说："还没有能侍奉人，怎么能侍奉鬼神呢？"子路说："请问死是怎么一回事？"孔子说："对生的道理还不知道，怎么能知道死的呢？"

【原文】

闵子侍侧，訚訚如也；子路，行行^①如也；冉有、子贡，侃侃如也。子乐。"若由也，不得其死然。"

【注释】

①行行（hàng hàng）：刚强的。

【译文】

闵子骞侍立在孔子身旁，显出中正平和的样子；子路是一派刚强的样子；冉有、子贡是一派温和快乐的样子。孔子高兴了。但孔子说："像仲由这样，怕不得好死。"

【原文】

鲁人为长府①。闵子骞曰："仍旧贯②，如之何？何必改作？"子曰："夫人不言，言必有中。"

【注释】

①长府：国家储藏财物或文书的地方叫府，长府是府名。
②贯：事，例。仍旧贯，照旧制的意思。

【译文】

鲁国要改建长府。闵子骞说："还照老样子怎么样？何必改建呢？"孔子说："这个人不说话则已，一说话必然是切中要害。"

【原文】

子曰："由之瑟①，奚为于丘之门？"门人不敬子路。子曰："由也升堂矣，未入于室②也。"

【注释】

①瑟：古代乐器。这里是孔子不满意子路所弹的音调。
②未入于室：比喻学习程度的深浅。

【译文】

孔子说："仲由弹瑟的音调，为什么出自我的门里呀。"孔子的学生听了就不敬子路。孔子说："仲由在学习上是已经升堂了，只是还没有入室罢了。"

【原文】

子贡问："师与商①也孰贤？"子曰："师也过，商也不及。"曰："然则师愈与？"子曰："过犹不及。"

【注释】

①师于商：师，颛孙师，子张。商，卜商，子夏。都是孔子的弟子。

【译文】

子贡问："师与商二人谁好一些？"孔子说："师常有些过头，商常有些不够。"子贡说："那么是师好一些么？"孔子说："过头和不够是一样的。"

【原文】

季氏富于周公，而求也为之聚敛①而附益之。子曰："非吾徒也，小子鸣鼓而攻之②，可也。"

【注释】

①聚敛（liǎn）：收集。这里指冉有增加赋税为季氏搜括财富。
②鸣鼓而攻之：公开宣布其罪行并指责批评的意思。

【译文】

季氏的富足超过了周公，而冉求还帮他到处搜刮来增加他的钱财。孔子说："他不是我的学生，你们可以大张旗鼓地去声讨他呀。"

【原文】

柴①也愚②，参也鲁③，师也辟④，由也喭⑤。

【注释】

①柴：高柴，字子羔，孔子的学生。
②愚：指愚而耿直。
③鲁：迟钝。
④辟：有两种解释：一，偏，邪；二，只注意外表形式而内心不诚实叫辟。
⑤喭（yùn）：鲁莽，粗鲁。也有的解释为刚猛。

【译文】

高柴愚直，曾参迟钝，颛孙师偏激，仲由鲁莽。

【原文】

子曰："回也其庶乎，屡空①。赐不受命，而货殖②焉，亿③则屡中。"

【注释】

①空：匮乏、穷困。

②赐不受命，而货殖：做买卖。历来对命字有不同解释：一，天命；二，禄命，不受命就是不做官；三，古代经商都要受命于官，子贡没有受命于官而自己去做买卖，所以叫不受命而货殖。

③亿：同臆，猜度。

【译文】

孔子说："颜回已经差不多近道了吧，但他常在穷困中。端木赐不安于命而去做买卖，但他猜测行情却常能猜中。"

【原文】

子张问善人①之道，子曰："不践迹②，亦不入于室③。"

【注释】

①善人：指本质善而学习的人。

②践迹：照着别人的脚印走。践，依循。

③入于室：比喻学问、修养达到了精深的地步。

【译文】

子张问善人的行为。孔子说："善人不踩着别人的印走，但学问、修养还不到家。"

【原文】

子曰："论笃是与①，君子者乎？色庄者乎？"

【注释】

①论笃是与：论，言论。笃，笃实。与，赞许。对说话笃实表示赞许。

【译文】

孔子说："言论笃实的人，哪能知道他真是君子呢？还是只不过，外表庄严呢？"

【原文】

子路问："闻斯行诸？"子曰："有父兄在，如之何其闻斯行之？"冉有问："闻斯行诸？"子曰："闻斯行之。"公西华曰："由也问'闻斯行诸'，子曰'有父兄在'；求也问'闻斯行诸'，子曰'闻斯行之'。赤也惑，敢问。"子曰："求也退①，故进之；由也兼人②，故退之。"

【注释】

①求也退：冉有性格懦弱，遇事退缩不前。
②由也兼人：子路好勇过人。

【译文】

子路问："听到了就去做吗？"孔子说："父兄还在，怎么能听到就做呢？"

冉有问："听到了就去做吗？"孔子说："听到了就要去做。"

公西华说："仲由问听到了就去做吗，你回答有父兄健在，冉求问听到了就去做吗，你回答听到了就要去做。我被弄糊涂了，敢再问个明白。"孔子说："冉求总是退缩，所以我鼓励他；仲由勇武过人，所以我约束他。"

【原文】

子畏于匡，颜渊后。子曰："吾以女为死矣。"曰："子在，回何敢死？"

【译文】

孔子被拘禁于匡地，颜渊因失散最后才到。孔子说："我以为你死了。"颜渊说："您还活着，我怎么敢死呢？"

【原文】

季子然①问："仲由、冉求可谓大臣与？"子曰："吾以子为异之问，曾②由与求之问。所谓大臣者：以道事君，不可则止。今由与求也，可谓具臣③矣。"

曰："然则从之者与？"子曰："弑父与君，亦不从也。"

【注释】

①季子然："鲁国大夫季氏的子弟。当时仲由、冉求都是季氏的家臣，季子然自以为得人，所以这样问。

②曾：乃。

③具臣：只是备位充数的臣子。

【译文】

季子然问："仲由和冉求可以称得上大臣吗？"孔子说："我以为你会问别的什么，原来你只是问由和求呀。所谓大臣，应该按照道的要求来侍奉君主，如果行不通就辞职。现在仲由和冉求，只能算是充数的臣子罢了。"

季子然说："那么他们是一切顺从君主的人吗？"孔子说："如果要杀父弑君，他们是不会听从的。"

【原文】

子路使子羔为费宰。子曰："贼夫人之子①。"

子路曰："有民人焉，有社稷焉②，何必读书，然后为学？"

子曰："是故恶夫佞者。"

【注释】

①贼：害。

②社稷：土神和谷神。

【译文】

子路让子羔去当费邑邑宰。孔子说："这是害了人家的儿子。"

子路说："那里有百姓，有土神谷神，为什么一定要读书才算是学习呢？"

孔子说："所以我讨厌那种强词夺理的人。"

【原文】

子路、曾皙①、冉有、公西华侍坐。

子曰："以吾一日长乎尔，毋吾以也。居则曰②：'不吾知也！'如或知尔，则何以哉？"

子路率尔而对曰③："千乘之国，摄乎大国之间④，加之以师旅，因之以饥馑⑤，由也为之，比及三年⑥，可使有勇，且知方也⑦。"

夫子哂之⑧。

"求！尔何如？"

对曰："方六七十⑨，如五六十⑩，求也为之，比及三年，可使足民。如其礼乐，以俟君子。"

"赤！尔何如？"

对曰："非曰能之，愿学焉。宗庙之事，如会同⑪，端章甫⑫，愿为小相焉⑬。"

"点！尔何如？"

鼓瑟希⑭，铿尔⑮，舍瑟而作，对曰："异乎三子者之撰⑯。"

子曰："何伤乎⑰？亦各言其志也。"

曰："莫春者⑱，春服既成，冠者五六人⑲，童子六七人，浴乎沂⑳，风乎舞雩㉑，咏而归。"

夫子喟然叹曰："吾与点也！"

三子者出，曾皙后。曾皙曰："夫三子者之言何如？"

子曰："亦各言其志也已矣。"

曰："夫子何哂由也？"

曰："为国以礼，其言不让，是故哂之。"

"唯求则非邦也与㉒？"

"安见方六七十如五六十而非邦也者?"

"唯赤则非邦也与?"

"宗庙会同,非诸侯而何?赤也为之小,孰能为之大?"

【注释】

①曾皙:曾参父亲,名点,字皙,也是孔子的学生。

②居:平日家居。

③率尔:急遽的样子。

④摄:迫,夹箝。

⑤因:继。

⑥比及:等到。

⑦方:指道义。

⑧哂:微笑。

⑨方:古代一种面积计量方式,表示纵横的长度。

⑩如:或。

⑪会同:诸侯会盟。

⑫端:一种礼服名。章甫:一种礼帽名。

⑬相:祭祀、会盟时司仪赞礼的职务,小相为此职的最低级。

⑭希:同"稀",指瑟声稀疏。

⑮铿尔:弹瑟结束时的声音。

⑯撰:才具。

⑰伤:妨害。

⑱莫春:即暮春,农历三月。莫,同"暮"、

⑲冠者:指成年人,古代男子二十岁举行冠礼。

⑳沂:水名,在今山东曲阜南。

㉑舞雩(yú):鲁国祭天求雨的场所,在曲阜东南。

㉒唯:语首词,无义。

【译文】

子路、曾皙、冉有、公西华陪坐在孔子身边。

孔子说:"我的年龄比你们大,但你们不要因此受到拘束而不敢讲话。平日你们总是说:'没有人了解我呀!'如果有人了解且任用你们,

你们会怎么做呢？"

子路不假思索地回答说："一个拥有千辆兵车的国家，夹在大国之间，外有别国侵略，内有灾年饥荒，让我去治理，只要三年，就可以使人民充满勇气，而且懂得道义。"

孔子微微一笑。

又问："冉求！你怎么样？"

冉求答道："一个边界以六七十里或五六十里见方的小国，让我去治理，只要三年，可以使人民富足。至于礼乐方面的事，那只有等待君子来实施了。"

孔子问："公西赤！你怎么样？"

公西赤答道："我不敢说能做到，但我愿意这样学习。宗庙祭祀或是诸侯会盟，我愿意穿戴着礼服礼帽，做一个小司仪。"

孔子又问："曾点！你怎么样？"

曾点正在弹瑟，这时瑟声渐疏，然后铿的一声停止了，他推开瑟站起来说："我和他们三人的才志不同。"

孔子说："这有什么关系呢？只是各人说说自己的志向罢了。"

曾皙说："暮春时节，已经可以穿春装了，我和五六个成人，六七个孩子，在沂水中沐浴，在舞雩被风吹拂着，然后吟唱着回来。"

孔子长叹一声说："我赞同曾点的志向啊。"

子路等三人走出去了，曾皙走在最后。他问孔子："他们三人所说的怎么样？"

孔子说："也是各人说说自己的志向罢了。"

曾皙问："您为什么对仲由的话笑了呢？"

孔子说："治理国家讲求礼让，可是他的话一点不谦虚，所以我笑了。"

曾皙说："那么冉求说的不是国家吗？"

孔子说："怎么见得六七十里或五六十里见方的地域就不是一个国家呢？"

曾皙说："公西赤所说的不是国家吗？"

孔子说："宗庙祭祀和诸侯会盟，不是国家的事又是什么？如果公西赤只能做小司议，那谁还能做大司仪呢？"

颜渊第十二

【题解】

《颜渊》篇共有 24 章，主要讲述了孔子对"仁"和"恕"的解释。"仁"是儒学的核心内容，所谓"仁"就是宽宏博爱，就是"四海之内皆兄弟"，同时也是按儒学礼制要求的有等级的爱："君君、臣臣、父父、子子"。这种"仁"者礼法的推崇深刻影响了封建社会的伦理道德，也深化了中华民族的人伦文化，从客观上促进了社会的稳定与发展。

【原文】

颜渊问仁。子曰："克①己复礼为仁。一日克己复礼，天下归仁焉。为仁由己，而由人乎哉？"

颜渊曰："请问其目。"子曰："非礼勿视，非礼勿听，非礼勿言，非礼勿动。"

颜渊曰："回虽不敏，请事斯语矣。"

【注释】

①克，克制。

【译文】

颜渊问什么是仁。孔子说："克制自己，言行符合礼就是仁。一旦做到这样，天下的人就会赞许你是仁者。修养仁德要靠自己，能靠别人吗？"

颜渊说："请问修养仁德的具体方法。"孔子说："不符合礼的，不看；不符合礼的，不听；不符合礼的，不说；不符合礼的，不做。"

颜渊说："虽然我资质迟钝，请让我按照这番话去做吧。"

【原文】

仲弓问仁。子曰："出门如见大宾，使民如承大祭。己所不欲，勿施于人。在邦无怨，在家无怨。"

仲弓曰："雍虽不敏，请事斯语矣。"

【译文】

仲弓问怎样做到仁。孔子说："出了门就像要去见贵宾，役使百姓就像对待重要祭典，自己不愿遭受的事，不要强加给别人。在诸侯那里任职，没有人怨恨你，在卿大夫那里任职，也没有人怨恨你。"

仲弓说："我虽然迟钝，请让我照着这番话去做吧。"

【原文】

司马牛问仁①。子曰："仁者，其言也讱②。"

曰："其言也讱，斯谓之仁已乎？"子曰："为之难，言之得无讱乎？"

【注释】

①司马牛：孔子学生，姓司马，名耕，字子牛。
②讱（rèn）：形容出言迟缓谨慎。

【译文】

司马牛问怎样才是仁。孔子说："仁人，他说话迟缓谨慎。"

司马牛说："说话迟缓谨慎，这就叫仁了吗？"孔子说："实行起来很难，说话怎么能不迟缓谨慎呢？"

【原文】

司马牛问君子。子曰："君子不忧不惧。"

曰："不忧不惧，斯谓之君子已乎？"子曰："内省不疚，夫何忧何惧？"

【译文】

司马牛问怎样做一个君子。孔子说："君子不忧愁、不畏惧。"

又问："不忧愁、不畏惧，这样就能称君子吗？"孔子说："反省自己而无所愧疚，那还有什么可忧愁、可畏惧的呢？"

【原文】

司马牛忧曰："人皆有兄弟，我独亡。"子夏曰："商闻之矣：'死生有命，富贵在天'。君子敬而无失，与人恭而有礼。四海之内，皆兄弟也。君子何患乎无兄弟也？"

【译文】

司马牛担忧地说："人家都有兄弟，唯独我没有。"子夏说："我听说过这么一句话：死生各有命运，富贵听天由命。君子严肃认真，没有过失，与人相处恭敬有礼，那么四海之内，都有你的兄弟。君子何故发愁没有兄弟呢？"

【原文】

子张问明。子曰："浸润之谮，肤受之愬，不行焉。可谓明也已矣。浸润子谮，肤受之愬，不行焉，可谓远也已矣。"

【译文】

子张问怎样才算心地清明。孔子说："使人不知不觉受害的谮言，使人直接受到刺激的诽谤，排斥这些，可说是心明眼亮了。使人不知不觉受害的谮言，使人直接受到刺激的诽谤，不受干扰，可说是有远见了。"

【原文】

子贡问政。子曰："足食。足兵。民信之矣。"
子贡曰："必不得已而去，于斯三者何先？"曰："去兵。"
子贡曰："必不得已而去，于斯二者何先？"曰："去食。自古皆有死，民无信不立。"

【译文】

子贡问怎样处理国政。孔子说："粮食充足，军备充足，人民信任政府。"
子贡问："如果必不得已要去掉一项，这三项中先去掉哪一项？"孔子说："去掉军备。"

　　子贡问："如果必不得已再去掉一项，那么在剩下的两项中先去掉哪一项？"孔子说："去掉粮食。自古以来人都有一死，而百姓不信任统治，国家就站立不住。"

【原文】

　　棘子成曰①："君子质而已矣，何以文为？"子贡曰："惜乎，夫子之说君子也②。驷不及舌③。文犹质也，质犹文也。虎豹之鞹犹犬羊之鞹④。"

【注释】

　　①棘子成：卫国大夫。
　　②夫子：指棘子成，古代对大夫的尊称。
　　③驷：驾一辆马车的四匹马。
　　④鞹（kuò）：去掉毛的兽皮，即皮革。

【译文】

　　棘子成说："君子只要有好的本质就可以了，何必再要讲究文彩呢？"子贡说："可惜啊，先生竟这样来论说君子。这可是一言既出，驷马难追。文彩与本质，本质与文彩，两者同样重要。虎豹皮如果去掉了有花纹的毛，那就和去掉毛的犬羊皮是一个样了。"

【原文】

　　哀公问于有若曰："年饥，用不足，如之何？"
　　有若对曰："盍彻①乎？"
　　曰："二，吾犹不足，如之何其彻也？"
　　对曰："百姓足，君孰与不足？百姓不足，君孰与足？"

【注释】

　　①彻：周代的一种田税制度，以收获的十分之一作为田税。

【译文】

　　鲁哀公问有若，说："收成不好，国家财用不足，怎么办？"

有若回答说："何不改为十分抽一的税法呢？"

哀公说："十分抽二，我还不够，哪能改用十分抽一的税法呢？"

有若回答说："如果百姓够用了，您怎么会不够用呢？如果百姓不够用，您又怎么能够用呢？"

【原文】

子张问崇德辨惑。子曰："主忠信，徙义，崇德也。爱之欲其生，恶之欲其死。既欲其生，又欲其死，是惑也。'诚不以富，亦只以异①。'"

【注释】

①"诚不"两句：出自《诗经·小雅·我行其野》，但原句诗意与本章之旨很不契合，孔子引用在此大约也还是断章取义，不必拘泥于原意理解。

【译文】

子张问怎样提高道德品质，辨别是非困惑。孔子说："注重忠信，遵从道义，就能提高道德品质。爱一个人，就希望他活着，厌恶他，就希望他死掉。既希望他活着，又希望他死掉，这样好恶无常便是昏惑。《诗经》上说：'肯定不会因此得到好处，只会收到相反的结果。'"

【原文】

齐景公问政于孔子。孔子对曰："君君，臣臣，父父，子子。"公曰："善哉！信如君不君，臣不臣，父不父，子不子，虽有粟，吾得而食诸？"

【译文】

齐景公问孔子怎样搞好政治。孔子回答说："国君要像做国君的样子，臣要像做臣的样子，父亲要像做父亲的样子，儿子要像做儿子的样子。"齐景公说："讲得好啊！真要是君不像君，臣不像臣，父不像父，子不像子，即使有粮食，我能吃得到吗？"

【原文】

子曰："片言可以折狱者，其由也与？"子路无宿诺。

【译文】

孔子说:"根据单方面的陈述就能判定案情的,大概只有仲由吧?"子路许诺别人的事,从不拖延兑现。

【原文】

子曰:"听讼①,吾犹人也。必也使无讼乎!"

【注释】

①听讼:审理诉讼案件。

【译文】

孔子说:"审理诉讼案件,我也同别人一样。但一定要使诉讼的事不发生才好啊!"

【原文】

子张问政。子曰:"居之无倦,行之以忠。"

【译文】

子张问怎样从政。孔子说:"身居官位而不懈怠,施行政事要尽忠心。"

【原文】

子曰:"博学于文,约之以礼,亦可以弗畔矣夫。"①

【注释】

①此章重出,已见《雍也篇》二十七章。

【原文】

子曰:"君子成人之美,不成人之恶。小人反是。"

【译文】

孔子说:"君子推助别人的善,不助长别人的恶。小人的做法与这正好相反。”

【原文】

季康子问政于孔子。孔子对曰：“政者，正也。子帅以正，孰敢不正？”

【译文】

季康子问孔子怎样搞好政治。孔子回答说：“‘政’的意思就是‘正’，您如果带头走正道，谁敢不走正道？”

【原文】

季康子患盗，问于孔子。孔子对曰：“苟子之不欲，虽赏之不窃。”

【译文】

季康子为盗贼很多而忧虑，向孔子求教。孔子答道：“如果您自己不贪欲，即使奖励偷盗，他们也不肯干。”

【原文】

季康子问政于孔子曰：“如杀无道，以就有道，何如？”孔子对曰：“子为政，焉用杀？子欲善而民善矣。君子之德风，小人之德草，草上之风，必偃。”

【译文】

季康子就怎样执政的问题请教孔子，说：“如果杀掉坏人，以此来使人们走正道，怎么样？”孔子回答说：“您执政，哪用得着杀人？您想为善，人民自然也会为善。君子的品德好比是风，百姓的品德好比是草。风吹在草上，草必定随风而倒。”

【原文】

子张问：“士何如斯谓之达矣？”子曰：“何哉，尔所谓达者？”子张对曰：“在邦必闻，在家必闻。”子曰：“是闻也，非达也。夫达也者，质直而好义，察言而观色，虑以下人。在邦必达，在家必达。夫闻也者，色取仁而行违，居之不疑。在邦必闻，在家必闻。”

【译文】

子张问道:"一个士人,怎样才可以做到通达呢?"孔子说:"你所说的通达,是指什么呢?"子张回答说:"在国家任职一定有名声,在大夫那里任职也一定有名声。"孔子说:"这叫名声而不叫通达。所谓通达,是品质正直,爱好道义,善于察言观色,为人谦让。如此在国家任职必然会通达,在大夫那里任职也必然会通达。只求名声的人,表面上装出仁德的样子,而行动上却违背仁德,并且干得心安理得。这种人在国家任职时必定会骗取名声,在大夫那里任职时也必定会骗取名声。"

【原文】

樊迟从游于舞雩之下,曰:"敢问崇德,修慝,辨惑。"子曰:"善哉问! 先事后得,非崇德与? 攻其恶,无攻人之恶,非修慝与? 一朝之忿,忘其身,以及其亲,非惑与?"

【译文】

樊迟跟着孔子在舞雩台下散步,问道:"请问怎样提高品德,去除邪念,辨清昏惑。"孔子说:"问得好啊! 事情争先去做,好处最后去得,不就是提高品德了吗? 批评自己的缺点,不指责别人的缺点,不就去除邪念了吗? 为了一时的忿恨,便不顾自己的性命,以至于连累父母,这不是昏惑吗?"

【原文】

樊迟问仁。子曰:"爱人。"问知。子曰:"知人。"樊迟未达。子曰:"举直错诸枉,能使枉者直。"

樊迟退,见子夏。曰:"乡也吾见于夫子而问知,子曰,'举直错诸枉,能使枉者直',何谓也?"

子夏曰:"富哉言乎! 舜有天下,选于众,举皋陶①,不仁者远矣。汤有天下,选于众,举伊尹②,不仁者远矣。"

【注释】

①皋陶(gāo yáo):传说是舜的臣子。

②伊尹：传说是汤的臣子，名挚，字尹。

【译文】

樊迟问什么是仁。孔子说："仁就是爱人。"又问什么是智。孔子说："能鉴别人。"樊迟没有理解。孔子便又说："把正直的人提拔到不正直的人之上，能使不正直的人变得正直。"

樊迟回来，见了子夏说："刚才我去见老师，问什么是智，他说，'把正直的人提拔到不正直的人之上，能使不正直的人变得正直'，这话什么意思呢？"

子夏说："这句话含义丰富啊！舜拥有天下，在人群中挑选，提拔了皋陶，那些不仁的人只好远远地走开了。汤拥有天下，在人群中挑选，提拔了伊尹，不仁的人也只好远远地走开。"

【原文】

子贡问友。子曰："忠告而善道之，不可则止，毋自辱焉。"

【译文】

子贡问怎样与朋友相处。孔子说："朋友有错，就诚心诚意地劝告他，好好地引导他，不行就算了，不要自取其辱。"

【原文】

曾子曰："君子以文会友，以友辅仁。"

【译文】

曾子说："君子靠礼乐文化结交朋友，靠朋友协助培养仁德。"

子路第十三

【题解】

《子路》篇共有30章，包含的内容比较广泛，其中有关于如何治理国家的政治主张，也有孔子的教育思想，及对个人的道德修养与品格完善的见解。正人者，必先正其身，己正才能正人。用人格的魅力打动别人，用勤勉的作风办理政务，率先垂范，用仁德的力量为民谋福祉。名者如旗帜，能聚合人心，统一步调，使所图之事一举成功。名正则理直，理直则言顺，言顺则人心臣服，人心臣服者必将众心归一，政事和畅，家事和顺。这种仁德的力量惠泽于内，而传之于天下。

【原文】

子路问政。子曰："先之，劳之①。"请益②，曰："无倦。"

【注释】

①先之，劳之：先，先引，先导，即教化。之，指老百姓。劳之，做在老百姓之前，使老百姓勤劳。

②益：请求增加一些。

【译文】

子路问怎样管理政事，孔子说："以身率先，使老百姓勤劳。"子路请求多讲一点，孔子说："不要倦怠松懈。"

【原文】

仲弓为季氏宰①，问政。子曰："先有司②，赦小过，举贤才。"曰："焉知贤才而举之？"曰："举尔所知。尔所不知，人其舍诸？③"

【注释】

①宰：古代卿大夫家的总管。

②有司：古代负责具体事务的官吏。

③诸："之乎"二字的合音。

【译文】

仲弓做了季氏的家臣，向孔子询问怎样管理政事。孔子说："先管理手下负责具体事务的官吏。他们有过小过错，应当赦免。多选拔贤能来任职。"仲弓又问："怎样知道是贤才而把他们选拔出来呢？"孔子说："选拔你所知道的，至于你不知道的贤才，别人难道还会埋没他们吗？"

【原文】

子路曰："卫君①待子而为政，子将奚②先？"子曰："必也正名③乎！"子路曰："有是哉，子之迂④也！奚其正？"子曰："野哉，由也！君子于其所不知，盖阙⑤如也。名不正则言不顺；言不顺则事不成；事不成则礼乐不兴；礼乐不兴则刑罚不中⑥；刑罚不中则民无所措手足。故君子名之必可言也，言之必可行也。君子于其言，无所苟而已矣！"

【注释】

①卫君：卫出公，名辄，卫灵公之孙。
②奚（xī）：什么。
③正名：即正名分。
④迂：迂腐。
⑤阙：同"缺"，存疑的意思。
⑥中（zhòng）：中肯，得当。

【译文】

子路问孔子："如果卫出公要您去处理政事，您打算先从哪些事情入手呢？"孔子说："首先必须正名分。"子路说："先生太迂腐了，这名怎么正呢？"孔子说："真粗野啊，仲由。君子对于自己所不知道的事情，总是采取怀疑的态度。名不正，说起话来就不顺当。说话不顺当，事情就办不成。事情办不成，礼乐也就不能兴盛。礼乐不能兴盛，刑罚的执行就不会得当。刑罚不得当，百姓就会手足无措。因此，君子一定要首先定下名分，必须能够说得明白，说出来一定能够行得通。君子对于自己所说的话，从来不是马虎对待的。"

【原文】

樊迟请学稼。子曰:"吾不如老农。"请学为圃^①。曰:"吾不如老圃。"

樊迟出。子曰:"小人^②哉,樊须也!上好礼,则民莫敢不敬;上好义,则民莫敢不服;上好信,则民莫敢不用情^③。夫如是,则四方之民襁^④负其子而至矣,焉用稼?"

【注释】

①圃(pǔ):菜地,引申为种菜。
②小人:一般老百姓,比如老农、老圃之类。
③用情:情,情实。以真心实情来对待。
④襁(qiǎng):背婴孩的背篓。

【译文】

樊迟向孔子请教如何种庄稼。孔子说:"我不如老农。"樊迟又请教如何种菜。孔子说:"我不如老菜农。"

樊迟出去以后,孔子说:"樊迟真是平庸。在上位的君子只要重视礼,老百姓就没有不敬畏的;在上位的君子只要重视义,老百姓没有不服从的;在上位的君子只要重视信,老百姓没有不真心实情来对待的。如果能做到这样,四面八方的老百姓就会携儿带女来投奔,哪里用得着自己去种庄稼呢?"

【原文】

子曰:"诵《诗》三百,授之以政,不达^①;使于四方,不能专对^②;虽多,亦奚以^③为?"

【注释】

①达:通达。这里是会运用的意思。
②专对:独立对答。
③以:用。

【译文】

孔子说："熟读《诗经》三百首，让他处理政务，却不会办事；让他出使四方，不能单独应对交涉；背得很多，又有什么用呢？"

【原文】

子曰："其身正，不令而行；其身不正，虽令不从。"

【译文】

孔子说："自己的行为正当，不发布命令，百姓也会去执行。自身的行为不正当，即使发布命令，百姓也不会服从。"

【原文】

子曰："鲁、卫之政①，兄弟也。"

【注释】

①鲁、卫之政：鲁国是周公的封地，卫国是康叔的封地，周公与康叔本是兄弟，当时鲁、卫两国国政也相似。

【译文】

孔子说："鲁国的政事和卫国的政事，像兄弟一样。"

【原文】

子谓卫公子荆①："善居室②。始有，曰：'苟③合④矣。'少有，曰：'苟完矣。'富有，曰：'苟美矣。'"

【注释】

①卫公子荆：卫国大夫，字南楚，卫献公的儿子。
②善居室：善于管理经济，居家过日子。
③苟：差不多。
④合：足够。

【译文】

孔子谈到卫国的公子荆时说:"他善于治理经济,居家理财。刚开始有一点财产,他说:'足够了。'稍微多一点时,他说:'真是完备了。'更多的时候,他说:'真是完美了'。"

【原文】

子适卫,冉有仆①。子曰:"庶矣哉!"冉有曰:"既庶②矣,又何加焉?"曰:"富之。"曰:"既富矣,又何加焉?"曰:"教之。"

【注释】

①仆:驾车。

②庶:众多,这里指人口众多。

【译文】

孔子到卫国,冉有驾车。孔子说:"人口真多呀!"冉有问:"人口已经够多了,下一步该做什么呢?"孔子说:"使他们富裕起来。"冉有说:"百姓富足以后,又该怎么做呢?"孔子说:"教化他们。"

【原文】

子曰:"苟有用我者,期月①而已可也,三年有成。"

【注释】

①期(jī)月:又作"朞"。期月,一整年。

【译文】

孔子说:"如果有人用我治理国家,一年时间就可以了,三年一定会有成效。"

【原文】

子曰:"善人为邦百年,亦可以胜残去杀矣。诚哉是言也!"

【译文】

孔子说:"'善人治理国家,经过一百年,就可以消除残暴、刑罚、杀戮。'这话真不错呀!"

【原文】

子曰:"如有王者,必世而后仁①。"

【注释】

①世:三十年为一世。

【译文】

孔子说:"如有王者兴起,一定需要三十年才能使仁道遍行天下。"

【原文】

子曰:"苟正其身矣,于从政乎何有?不能正其身,如正人何?"

【译文】

孔子说:"如果自身端正了,那么治理政事还有什么困难呢?如果不能自正其身,又怎么能端正别人呢?"

【原文】

冉子退朝。子曰:"何晏①也?"对曰:"有政。"子曰:"其事也。如有政,虽不吾以,吾其与闻之。"

【注释】

①晏:晚。

【译文】

冉有退朝回来,孔子说:"为什么回来得这么晚呀?"冉有说:"有政事。"孔子说:"只是一般的事务吧?如果有政事,虽然国君不任用我了,我也会知道的。"

【原文】

定公问："一言而可以兴邦，有诸？"孔子对曰："言不可以若是其几^①也。人之言曰：'为君难，为臣不易。'如知为君之难也，不几乎一言而兴邦乎？"曰："一言而丧邦，有诸？"孔子对曰："言不可以若是其几也。人之言曰：'予无乐乎为君，唯其言而莫予违也。'如其善而莫之违也，不亦善乎？如不善而莫之违也，不几乎一言而丧邦乎？"

【注释】

①几：期望。

【译文】

鲁定公问："一句话就可以使国家兴盛，对吗？"孔子对道："说话不能有这样的期望。有人说：'做君难，做臣不易。'如果知道了做君之难，这句话差不多就可以使国家兴盛了吧？"鲁定公又问："一句话可以亡国，对吗？"孔子回答说："说话不能有这样的期望。有人说过：'我做君主并没有什么可高兴的，我所高兴的只在于我所说的话没有人敢违背。'如果说得对而没有人违背，不是很好吗？如果说得不对而没有人违抗，那不就近乎于一句话可以亡国吗？"

【原文】

叶公问政。子曰："近者说^①，远者来。"

【注释】

①说：同"悦"。

【译文】

叶公向孔子请教如何管理政事。孔子说："使近处的人欢悦，使远方的人来归附。"

【原文】

子夏为莒父^①宰，问政。子曰："无欲速，无见小利。欲速则不达；

见小利则大事不成。"

【注释】

①莒父：莒（jǔ）。鲁国的一个城邑，在今山东省莒县境内。

【译文】

子夏做莒父的家臣总管，询问孔子怎样办理政事。孔子说："不要求快，不要只见小利，求快，反而达不到目的；求小利，就不能成大事。"

【原文】

叶公语孔子曰："吾党有直躬者①，其父攘羊②，而子证③之。"孔子曰："吾党之直者异于是：父为子隐，子为父隐，直在其中矣。"

【注释】

①直躬者：正直的人。
②攘羊：偷羊。
③证：证实，检举，告发。

【译文】

叶公告诉孔子说："我的家乡有个正直的人，他的父亲偷了人家的羊，他去告发了。"孔子说："正直的人和你讲的正直之人是不一样。父亲为儿子隐瞒，儿子为父亲隐瞒，这就是正直啊。"

【原文】

樊迟问仁。子曰："居处恭，执事敬，与人忠。虽之夷狄，不可弃也。"

【译文】

樊迟问什么是仁。孔子说："平常独居能恭敬，办事严谨，待人忠诚。这几项，即使到了夷狄之地，也不可违背。"

【原文】

子贡问曰："何如斯可谓之士①矣？"子曰："行己有耻，使于四方，不辱君命，可谓士矣。"曰："敢问其次？"曰："宗族称孝焉，乡党称弟焉。"曰："敢问其次？"曰："言必信，行必果②，硁硁③然小人哉！抑亦可以为次矣。"曰："今之从政者何如？"子曰："噫！斗筲之人④，何足算也！"

【注释】

①士：此处指有道德有修养的人。士后来成为知识分子的通称。
②果：必行。
③硁硁（kēng）：敲击石头的声音。这里引申为像石块那样坚硬。
④斗筲之人：筲（shāo）：竹器，容一斗二升。比喻器量狭小的人。

【译文】

子贡问道："怎样才算得上士？"孔子说："做事时有羞耻之心，出使四方，能够完成君主交代的使命，可以算是士。"子贡说："请问次一等的呢？"孔子说："家族中的人称赞他孝顺，乡党们称他敬重兄长。"子贡又问："请问再次一等的呢？"孔子说："说到一定做到，做事一定坚持到底。做事不问是非地固执己见，像石头一样固执，那是小人啊。但也可以算是再次一等的了。"子贡说："现在的执政者，您看怎么样？"孔子说："唉！这些器量狭小的人，哪里能数得上呢！"

【原文】

子曰："不得中行①而与之，必也狂狷②乎！狂者进取，狷者有所不为也。"

【注释】

①中行：行为合乎中庸。
②狂狷：狂，积极进取，狷（juàn）：拘谨，有所不为。

【译文】

孔子说："一个人如果不能理解中庸之道并且亲自实践，就必然在行为上陷于狂狷了。狂者敢作敢为，狷者谨小慎微。"

【原文】

子曰："南人有言曰：'人而无恒，不可以作巫医①。'善夫！'不恒其德，或承之羞②。'子曰："不占而已矣。"

【注释】

①巫医：用卜筮为人治病的人。
②不恒其德，或承之羞：此二句引自《易经·恒卦·爻辞》。

【译文】

孔子说："南方有句俗语：'人做事如果没有恒心，不可以当巫医。'这句话说得真好啊！""人不能长久地保持自己的德行，免不了要遭受耻辱。"孔子说："这句话就是说，没有恒心的人用不着去占卜了。"

【原文】

子曰："君子和①而不同②，小人同而不和。"

【注释】

①和：不同的东西和谐地配合叫做和，各方面之间彼此不同。
②同：相同的东西相加或与人相混同，叫做同。各方面之间完全相同。

【译文】

孔子说："君子讲求和谐而不同流合污，小人只求完全相同，而不讲求和谐。"

【原文】

子贡问曰："乡人皆好之，何如？"子曰："未可也。""乡人皆恶之，何如？"子曰："未可也。不如乡人之善者好之，其不善者恶之。"

【译文】

子贡问孔子："全乡人都喜好他，这个人怎么样？"孔子说："这不能肯定。"子贡又问："全乡人都厌恶他，这个人怎么样?"孔子说："这也不能肯定，最好是全乡的好人都喜欢他，全乡的坏人都厌恶他。"

【原文】

子曰："君子易事①而难说②也：说之不以道，不说也；及其使人也，器之③。小人难事而易说也：说之虽不以道，说也；及其使人也，求备焉。"

【注释】

①易事：易于与人相处共事。
②难说：难于取得他的欢喜。
③器之：量才使用他。

【译文】

孔子说："君子易于与人相处共事，但很难以取得他的欢喜。不按正道去讨他的喜欢，他是不会喜欢的。当他使用人的时候，总是量才而用；小人易于讨人喜欢，但难于与人共事。不按正道去讨他的喜欢，也会得到他的喜欢。等到他使用人的时候，却求全责备。"

【原文】

子曰："君子泰而不骄，小人骄而不泰。"

【译文】

孔子说："君子安静坦然，但不骄傲无礼。小人骄傲无礼，但不安静坦然。"

【原文】

子曰："刚毅、木讷，近仁。"

【译文】

孔子说："刚强果断、质朴谨慎，都接近于仁。"

【原文】

子路问曰："何如斯可谓之士矣？"子曰："切切、偲偲^①、怡怡^②如也，可谓士矣。朋友切切偲偲，兄弟怡怡。"

【注释】

①偲偲（sī）：勉励、督促、诚恳的样子。
②怡怡：和气、亲切、顺从的样子。

【译文】

子路问孔子："怎样才可以称为士呢？"孔子说："互相督促勉励，可以算是士了。朋友之间互相督促勉励，兄弟之间和气相处。"

【原文】

子曰："善人教民七年，亦可以即戎矣^①。"

【注释】

①即：就，靠近。戎：兵事，指军队、战争等。

【译文】

孔子说："善人教导人民七年，也可以使人民上阵作战了。"

【原文】

子曰："以不教民战，是谓弃之。"

【译文】

孔子说："用不曾受过教习的人民去作战，这可说是抛弃他们。"

宪问第十四

【题解】

《宪问》篇共 44 章，主要内容包括君子所必须具备的某些品德；孔子对当时社会上的各种现象所发表的评论；孔子提出"见利思义"的义利观等。

我们立足社会，当做一个有思想内涵的人，做一个品德高尚的人，做一个有志向的人，且不可只做"士而怀居"者。一个人行立于世，要怀抱理想，坚定信念，修身养德，以仁德安身。君子求德，小人逐利，生命的辉煌就在于自强不息，忧国忧民，乐于奉献。食其禄而安其邦，食其禄而惠其民。只食其禄而庸庸无为者是最可耻的。

【原文】

宪①问耻。子曰："邦有道，谷②；邦无道，谷，耻也。"

【注释】

①宪：姓原，名宪，孔子的学生。
②谷：这里指做官者的俸禄。

【译文】

原宪问孔子什么是耻。孔子说："国家有道，做官拿俸禄；国家无道，还做官拿俸禄，这就是可耻。"

【原文】

"克、伐①、怨、欲不行焉，可以为仁矣？"子曰："可以为难矣，仁则吾不知也。"

【注释】

①伐：自夸。

原宪又问："一个人没有好胜、自夸、怨恨、贪欲这些弊病，可以算做到仁了吧？"孔子说："这可以说是很难得的了，但至于是不是做到了仁，那我就不知道了。"

【原文】

子曰："士而怀居^①，不足以为士矣。"

【注释】

①怀居：怀，思念，留恋。居，家居，这里指安逸的生活。

【译文】

孔子说："士如果留恋安逸生活，就不配做士了。"

【原文】

子曰："邦有道，危^①言危行；邦无道，危行言孙^②。"

【注释】

①危：直，正直。
②孙：同"逊"。

【译文】

孔子说："国家有道，要正言正行；国家无道，还必须正行，但言辞要谦逊谨慎。

【原文】

子曰："有德者必有言，有言者不必有德；仁者必有勇，勇者不必有仁。"

【译文】

孔子说："有德行的人，一定有好的言论，有好的言论的人不一定有德行。仁者一定勇敢，勇敢的人不一定有仁德。"

【原文】

南宫适问于孔子曰①："羿善射②，奡荡舟③，俱不得其死然。禹、稷躬稼而有天下。"夫子不答。

南宫适出，子曰："君子哉若人！尚德哉若人！"

【注释】

①南宫适：即孔子学生南容。

②羿：传说夏代有穷国的君主，善射，篡夏后相之位，后被其臣寒浞所杀。

③奡（ào）：又作"浇"，传说是寒浞的儿子，后被夏后少康所杀。荡舟：即以舟师冲锋陷阵。据传奡曾在一次水战中覆灭敌舟。

【译文】

南宫适问孔子说："羿善长射箭，奡善长水战，但他们都没有好死。禹和稷都亲自耕作，但他们却得到了天下。"孔子没有回答。

南宫适出去了，孔子说："这个人是君子啊！这个人真是崇尚道德啊！"

【原文】

子曰："君子而不仁者有矣夫，未有小人而仁者也。"

【译文】

孔子说："君子中可能有不具备仁德的人，但小人中肯定没有具备仁德的人。"

【原文】

子曰："爱之，能勿劳乎？忠焉，能勿诲乎？"

【译文】

孔子说："爱他，能不教他操劳吗？忠于他，能不规劝他的失误吗？"

【原文】

子曰："为命^①，裨谌^②草创之，世叔^③讨论之，行人^④子羽^⑤修饰之，东里子产^⑥润色之。"

【注释】

①命：指国家的政令。

②裨谌（bì chén）：人名，郑国的大夫。

③世叔：即子太叔，名游吉，郑国的大夫。子产死后，继子产为郑国宰相。

④行人：官名，掌管朝觐聘问，即外交事务。

⑤子羽：郑国大夫公孙挥的字。

⑥东里子产：东里，地名，郑国大夫子产居住的地方。

【译文】

孔子说："郑国发布的政令，先由裨谌起草，再由世叔提出意见，由行人子羽加以修饰，最后由子产润色。"

【原文】

或问子产。子曰："惠人也。"问子西^①。曰："彼哉^②！彼哉！"问管仲。曰："人也^③。夺伯氏^④骈邑^⑤三百，饭疏食，没齿无怨言。"

【注释】

①子西：这里的子西指楚国的令尹，名申。

②彼哉：只不过如此的意思。

③人也：即此人也。

④伯氏：齐国的大夫。

⑤骈邑：地名，伯氏的采邑。

【译文】

有人向孔子问子产，他这人怎样？孔子说："他是个对民众有恩泽的人。"又问子西，孔子说："他呀！他呀！"又问管仲。孔子说："他啊！他把伯氏骈邑的三百家夺走，使伯氏终生吃粗茶淡饭过生活，到老死也没有怨言。”

【原文】

子曰：“贫而无怨难，富而无骄易。”

【译文】

孔子说：“在贫穷中能够做到没有怨恨是很难的，在富裕中能做到不骄傲却是比较容易的。”

【原文】

子曰：“孟公绰^①为赵、魏老^②则优^③，不可以为滕、薛^④大夫。”

【注释】

①孟公绰：鲁国大夫，属于孟孙氏家族。
②老：大夫的家臣。
③优：有余。
④滕薛：滕，诸侯国家，在今山东滕县。薛，诸侯国家，在今山东滕县东南一带。

【译文】

孔子说：“孟公绰做赵氏、魏氏的家臣，是才力有余的，但不能做滕、薛国的大夫。”

【原文】

子路问成人^①。子曰：“若臧武仲^②之知，公绰之不欲，卞庄子^③之勇，冉求之艺，文之以礼乐，亦可以为成人矣。”曰：“今之成人者何必然？见利思义，见危授命，久要^④不忘平生之言，亦可以成人矣。”

【注释】

①成人：人格完备的完人。

②臧武仲：鲁国大夫臧孙纥。

③卞庄子：鲁国卞邑大夫。

④久要：长久处于穷困中。

【译文】

子路问怎样做才是一个完美的人。孔子说："具有臧武仲的智慧，孟公绰的克制，卞庄子的勇敢，冉求的多才多艺，再以礼乐加以修饰，就可以算是一个完人了。"孔子又说："现在的完人何必一定要这样呢？见到钱财利益能想到义的要求，遇到危险能献出生命，长久处于穷困中也不忘记平日的诺言，这样可以算是一个完美的人。"

【原文】

子问公叔文子①于公明贾②曰："信乎夫子③不言，不笑，不取乎？"公明贾对曰："以④告者过也。夫子时然后言，人不厌其言；乐然后笑，人不厌其笑；义然后取，人不厌其取。"子曰："其然，岂其然乎？"

【注释】

①公叔文子：卫国大夫孙拔。

②公明贾：姓公明字贾，卫国人。

③夫子：文中指公叔文子。

④以：此处是"这个"的意思。

【译文】

孔子向公明贾问及公叔文子，说："先生他平常不说不笑、不取他人钱财，是真的吗？"公明贾回答道："那是告诉你的那个人说得过分了。先生他到该说时才说，因此别人不厌恶他的言辞；快乐时才笑，因此别人不厌恶他的欢笑，合乎义要求的财利才取，因此别人不厌恶他的获取。"孔子说："原来这样，真是这样吗？"

【原文】

子曰："臧武仲以防求为后于鲁，虽曰不要君，吾不信也。"

【译文】

孔子说："臧武仲凭借防邑请求鲁君在鲁国替臧氏立后代，尽管自称不是挟君主，但我不相信。"

【原文】

子曰："晋文公^①谲^②而不正，齐桓公^③正而不谲。"

【注释】

①晋文公：姓姬名重耳，春秋时期有作为的政治家，著名的霸主之一。
②谲（jué）：欺诈，玩弄手段。
③齐桓公：姓姜名小白，春秋时期有作为的政治家，著名的霸主之一。

【译文】

孔子说："晋文公诡诈而不正直，齐桓公正直而不诡诈。"

【原文】

子路曰："桓公杀公子纠^①，召忽^②死之，管仲不死。"曰："未仁乎？"子曰："桓公九合诸侯^③，不以兵车^④，管仲之力也。如其仁！如其仁^⑤！"

【注释】

①公子纠：齐桓公的哥哥。齐桓公与他争位，杀掉了他。
②召忽：管仲和召忽都是公子纠的家臣，公子纠被杀后，召忽自杀，管仲归服于齐桓公。
③九合诸侯：指齐桓公多次召集诸侯盟会。
④不以兵车：即不用武力。
⑤如其仁：这就是他的仁德。

【译文】

子路说："齐桓公杀了公子纠，召忽自杀以殉，但管仲却没有自杀。管仲不能算是仁吧？"孔子说："桓公多次召集各诸侯国的盟会，不用武力，那都是管仲的功劳啊。这就是他的仁德，这就是他的仁德。"

【原文】

子贡曰："管仲非仁者与？桓公杀公子纠，不能死，又相之。"子曰："管仲相桓公，霸诸侯，一匡天下，民到于今受其赐。微①管仲，吾其被发左衽②矣。岂若匹夫匹妇之为谅③也，自经④于沟渎⑤而莫之知也。"

【注释】

①微：无，没有。
②被发左衽：被，同"披"。衽，衣襟。"被发左衽"是当时的夷狄之俗。
③谅：遵守信用。这里指小节小信。
④自经：上吊自杀。
⑤渎：小沟渠。

【译文】

子贡问："管仲不能算是仁人吧？齐桓公杀了公子纠，他不能为公子纠殉死，反而做了齐桓公的宰相。"孔子说："管仲辅佐桓公，称霸诸侯，匡正天下，百姓直到今天还受到他的恩惠。如果没有管仲，恐怕我们也要披散着头发，衣襟向左开了。哪能像普通百姓那样恪守小节，自杀在小山沟里，而谁也不知道呀。"

【原文】

公叔文子之臣大夫僎与文子同升诸公①。子闻之，曰："可以为'文'矣。"

【注释】

①臣：即家臣。僎（zhuàn）：人名，因公叔文子推荐，与公叔文子同任大夫。公：公朝。

【译文】

公叔文子的家臣僎和文子一同做了国家的大臣。孔子知道了这件事，说："他真可用'文'这个谥号。"

【原文】

子言卫灵公之无道也，康子曰："夫如是，奚而不丧?"孔子曰："仲叔圉①治宾客，祝鮀②治宗庙，王孙贾治军旅。夫如是，奚其丧?"

【注释】

①仲叔圉：圉（yǔ）：即孔文子，卫国的大夫。
②祝鮀：鮀（tuó）：他与王孙贾都是卫国的大夫。

【译文】

孔子认为卫灵公无道。季康子说："既然如此，那他为什么没有败亡呢?"孔子说："有仲叔圉为他接待宾客，祝鮀替他管理宗庙祭祀，王孙贾替他管理军队，这样，又怎么会败亡呢?"

【原文】

子曰："其言之不怍①，则为之也难。"

【注释】

①怍（zuò）：惭愧的意思。

【译文】

孔子说："交谈如果大言不惭，那么实现这些话就很困难了。"

【原文】

陈成子①弑简公②。孔子沐浴而朝，告于哀公曰："陈恒弑其君，请讨之。"曰："告夫三子③!"孔子曰："以吾从大夫之后④，不敢不告也。君曰'告夫三子'者。"之三子告，不可。孔子曰："以吾从大夫之后，不敢不告也。"

【注释】

①陈成子：即陈恒，齐国大夫，又叫田成子：他以大斗借出，小斗

收进的方法受到百姓拥护。公元前 481 年，他杀死齐简公，夺取政权。

②简公：齐简公，姓姜名壬。公元前 484—前 481 年在位。

③三子：指季孙、孟孙、叔孙三家。

④从大夫之后：孔子曾任过大夫职，但此时已经去官家居，所以说从大夫之后。

【译文】

陈成子杀了齐简公。孔子斋戒沐浴以后，随即上朝去见鲁哀公，说："陈恒把他的君主杀了，请你出兵讨伐。"哀公说："你去报告那三位大夫吧。"孔子退朝后说："因为我曾经做过大夫，出了这样的大事，所以不敢不来报告，君主却说'你去告诉那三位大夫吧'！"孔子去向那三个大夫报告，但三位大夫不愿派兵讨伐，孔子又说："因为我曾经做过大夫，所以不敢不来报告呀！"

【原文】

子路问事君。子曰："勿欺也，而犯之①。"

【注释】

①犯：冒犯，指犯颜谏争。

【译文】

子路问怎样事奉君主。孔子说："不要欺骗他，而可当面直谏。"

【原文】

子曰："君子上达，小人下达①。"

【注释】

①"君子"两句：有多种解说，或说上指仁义，下指财利；或说上指道，下指器，即具体能力；或说上即长进，下即沉沦。今从第一说。

【译文】

孔子说："君子通达于仁义，小人通达于财利。"

【原文】

子曰："古之学者为己，今之学者为人。"

【译文】

孔子说："古代人的学习是为了自己增进修养学识，现在人的学习是为了表现给人看。"

【原文】

蘧伯玉①使人于孔子。孔子与之坐而问焉，曰："夫子②何为？"对曰："夫子欲寡其过而未能也。"使者出。子曰："使乎！使乎！"

【注释】

①蘧（qú）伯玉：人名，卫国的大夫，名瑗。
②夫子：这里指蘧伯玉。

【译文】

蘧伯玉派使者去拜访孔子。孔子让使者坐下，然后问道："先生最近在做什么？"使者回答说："先生想要减少自己的错误，但未能做到。"使者走了以后，孔子说："好一位使者啊，好一位使者啊！

【原文】

子曰："不在其位，不谋其政。"①

【注释】

①此句重出，已见《泰伯篇》十四章。

【原文】

曾子曰："君子思不出其位。"

【译文】

曾子说："君子的思虑不超出自己的职位。"

【原文】

子曰："君子耻其言而过其行。"

【译文】

孔子说："君子认为说话超过了他的行为是可耻的。"

【原文】

子曰："君子道者三，我无能焉：仁者不忧，知者不惑，勇者不惧。"子贡曰："夫子自道也。"

【译文】

孔子说："君子之道有三个方面：仁德之人不忧愁，聪明之人不迷惑，勇敢之人不畏惧。我都未能做到。"子贡说："这正是老师的自我描述啊！"

【原文】

子贡方人①。子曰："赐也贤乎哉②？夫我则不暇。"

【注释】

①方人：评论、诽谤别人。
②赐也贤乎哉：疑问语气，批评子贡不贤。

【译文】

子贡评论别人。孔子说："赐啊，你真的就那么贤良吗？我可没有闲工夫去评论别人。"

【原文】

子曰："不患人之不己知，患其不能也。"

【译文】

孔子说："不忧虑别人不知道自己，只担心自己没有本事让别人知道。"

【原文】

子曰："不逆诈①，不亿不信②。抑亦先觉者，是贤乎！"

【注释】

①逆诈：逆，预先猜测。诈，他人欺诈自己。
②不亿不信：同"臆"，猜测的意思。不信，他人怀疑自己。

【译文】

孔子说："不预先怀疑别人欺诈我，也不猜测别人不信任我，然而能事先觉察别人的欺诈和对我的不信任，这就是贤人了。"

【原文】

微生亩①谓孔子曰："丘，何为是②栖栖③者与？无乃为佞乎？"孔子曰："非敢为佞也，疾固④也。"

【注释】

①微生亩：鲁国人。
②是：如此。
③栖栖（xī）：忙碌不安、不安定的样子。
④疾固：疾，恨。固，固执。

【译文】

微生亩对孔子说："孔丘，你为什么这样四处奔波游说呢？这不就是佞人要显示自己的口才和花言巧语吗？"孔子说："我不是敢于花言巧语，只是痛恨做一个顽固不化的人。"

【原文】

子曰："骥①不称其力，称其德也。"

【注释】

①骥：千里马。

孔子说："千里马值得称赞的不是它的气力，而是它的品德。"

【原文】

或曰："以德报怨，何如？"子曰："何以报德？以直报怨，以德报德。"

【译文】

有人说："用恩德来报答恨，怎样？"孔子说："那又用什么来报答恩德呢？应该是用正直来报答怨恨，用恩德来报答恩德。"

【原文】

子曰："莫我知也夫！"子贡曰："何为其莫知子也？"子曰："不怨天，不尤①人，下学而上达②。知我者其天乎！"

【注释】

①尤：责怪，怨恨。
②下学而上达：下学学人事，上达达天命。

【译文】

孔子说："没有人了解我啊！"子贡说："怎么能说没有人了解您呢？"孔子说："我不埋怨天，也不责备人，下学人事而上达天命。了解我的只有天吧！"

【原文】

公伯寮①愬②子路于季孙。子服景伯③以告，曰："夫子固有惑志于公伯寮，吾力犹能肆诸市朝④。"子曰："道之将行也与，命也；道之将废也与，命也。公伯寮其如命何！"

【注释】

①公伯寮：姓公伯名寮，字子周，孔子的学生，曾任季氏的家臣。

②愬（sù）：同"诉"，告发诽谤。

③子服景伯：鲁国大夫，姓子服名伯，景是他的谥号。

④肆诸市朝：古时处死罪人后陈尸示众。

【译文】

公伯寮向季孙告发子路。子服景伯把这件事告诉孔子，并且说："季孙氏已经被公伯寮迷惑，我的力量能够把公伯寮杀了，叫他陈尸于市。"孔子说："道能够得到推广，是天命决定的；道不能得到推广，也是天命决定的。公伯寮能把天命怎么样呢？"

【原文】

子曰："贤者辟①世，其次辟地，其次辟色，其次辟言。"

【注释】

①辟：同"避"，逃避。

【译文】

孔子说："贤人逃避社会，次一等的逃到另外一个地方去，再次一等的避免看别人难看的脸色，再次一等的回避别人刺耳的话。"

【原文】

子曰："作者七人①矣。"

【注释】

①七人：即伯夷、叔齐、虞仲、夷逸、朱张、柳下惠、少连。

【译文】

孔子说："这样做的已经有七个人了。"

【原文】

子路宿于石门①。晨门曰②："奚自？"子路曰："自孔氏。"曰："是知其不可而为之者与？"

【注释】

①石门：地名。鲁国都城的外门。
②晨门：早上看守城门的人。

【译文】

子路夜里住在石门。早上进城时，看门的人问："从哪里来？"子路说："从孔子那里来。"看门的人说："是那个明知做不到却还要去做的人吗？"

【原文】

子击磬于卫①。有荷蒉而过孔氏之门者②，曰："有心哉，击磬乎！"既而曰："鄙哉，硁硁乎③！莫己知也，斯己而已矣。深则厉，浅则揭④。"

子曰："果哉！末之难矣⑤。"

【注释】

①磬（qìng）：一种打击乐器。
②荷：肩负。蒉（kuì）：草织的盛器。
③硁硁（kèng）：象声词，形容敲击石头的声音。
④"深则厉"两句：意谓如果水深，就索性穿着衣服过去，如果水浅，就提起衣服过去。这里表示个人行为应根据实际情况而定。厉，穿着衣服涉水。
⑤末：无。

【译文】

孔子在卫国，一天正击磬时，有一个人担着草筐从孔子住所的门前经过，他说："这样击磬是有心事啊！"过一会又说："真鄙陋啊，这种硁硁的磬声！没有人了解自己，也就是守着自己罢了。如果水深，就穿着衣服过去，如果水浅，就提起衣服过去。"

孔子说："这人好坚决啊！没有什么可以说服他。"

【原文】

子张曰:"《书》云:'高宗谅阴,三年不言①。'何谓也?"子曰:"何必高宗,古之人皆然。君薨②,百官总己以听于冢宰三年③。"

【注释】

①"高宗谅阴"两句:见《尚书·无逸》,原文语句稍有不同。意谓高宗守丧,三年不问国事。高宗,商王武丁。谅阴,天子居丧所住的庐屋。

②薨:周代诸侯死亡舟薨。

③"百官"句:意谓继位的新君三年不问政事,故朝中百官各守其职而听命于宰相。总己,即主持统理自己的职事。冢宰,周代官名,相当于后来的宰相。

【译文】

子张说:"《尚书》中说:'殷高宗守丧居庐,三年不言语。'这是什么意思?"孔子说:"岂止殷高宗这样,古人都这样。国君死了,三年之内,百官各自统理自己的职事而听命于冢宰。"

【原文】

子曰:"上好礼,则民易使也。"

【译文】

孔子说:"如果在上位的君子喜好礼,那么百姓就容易指使了。"

【原文】

子路问君子。子曰;"修己以敬。"曰:"如斯而已乎?"曰:"修己以安人①。"曰:"如斯而已乎?"曰:"修己以安百姓②。修己以安百姓,尧舜其犹病诸!"

【注释】

①安人:使上层人物安乐。

②安百姓：使老百姓安乐。

【译文】

子路问什么叫君子。孔子说："修养身心，严肃恭敬地对待政事。"子路问："这样就够了吗？"孔子说："修养身心，使周围的人们安乐。"子路又问："这样就够了吗？"孔子说："修养身心使百姓都安居乐业。修养身心使百姓都安乐，恐怕连尧舜都难于做到啊！"

【原文】

原壤①夷俟②。子曰："幼而不孙弟③，长而无述焉，老而不死，是为贼！"以杖叩其胫。

【注释】

①原壤：鲁国人，孔子的旧友。他母亲死了，他还大声歌唱，孔子认为这是大逆大道。
②夷俟：夷，双腿分开而坐。俟（sì）：等待。
③孙弟：同逊悌。

【译文】

原壤叉开双腿坐着等待孔子。孔子骂他说："年幼的时候，你不讲孝悌；长大了又没有什么值得一提的成就；老而不死，真是个祸害。"说着，用手杖敲他的小腿。

【原文】

阙党①童子将命②。或问之曰："益者与?"子曰："吾见其居于位③也，见其与先生并行也。非求益者也，欲速成者也。

【注释】

①阙党：即阙里，孔子家住的地方。
②将命：在宾主之间传言。
③居于位：童子与长者同坐。

阙里一个童子，为其主人向孔子传话。有人问道："这是个求上进的孩子吗?"孔子说："我看见他坐在成年人的位子上，又见他和长辈并肩而行，这不是一个要求上进的人，只是个急于求成的人。"

卫灵公第十五

【题解】

《卫灵公》篇包括42章，内容涉及孔子的"君子小人"观的若干方面、孔子的教育思想和政治思想，以及孔子在其他方面的言行。

谨守人格的纯正，抵制外界的诱惑，勇于追求崇高的人生。既不贪恋高位，也不贪图利禄。心怀社稷，情系万民，忧天下之先忧，乐天下之后乐。目光远大，见微知著，顺境中不骄奢，逆境中不颓废，忠厚诚信，质朴恭敬，不矫揉造作，不哗众取宠，笃信好学，死守善道，修养心性，从容地面对人生的各种挑战。

【原文】

卫灵公问陈①于孔子。孔子对曰："俎豆②之事，则尝闻之矣；军旅之事，未之学也。"明日遂行。在陈绝粮③，从者病，莫能兴。子路愠见曰："君子亦有穷乎？"子曰："君子固穷，小人穷斯滥矣。"

【注释】

①陈（zhèn）：同阵，是行兵阵势。

②俎豆：礼器。俎像几，祭祀时用来载牲体。豆容四升，用来盛俎醢。

③绝粮：鲁哀公四年，楚昭王听见孔子在陈蔡之间，差人来请孔子。孔子将去答礼；陈蔡二国大夫，怕他助成楚国霸业，不利自己，就发兵围住孔子。孔子绝粮七日，后来昭王发兵迎接孔子，方得免祸。

【译文】

卫灵公向孔子问起行兵阵势。孔子答道："俎豆之事，倒曾听见过的；军旅的事，没有学过。"到了明天就离开了。在陈国绝了粮食，随从的人害病，不能起立。子路恼怒，见孔子说道："君子也有穷困的时候么？"孔子道："君子本来有穷困的时候，小人遇着穷困，就要胡作非为了。"

【原文】

子曰："赐也，女以予为多学而识①之者与？"对曰："然。非与？"曰："非也。予一以贯之②。"

【注释】

①识：记。

②一以贯之：详《里仁篇》。之，指所学所识的事物。

【译文】

孔子道："赐啊！你把我看作是学得多而记得也多的那一类人吗？"子贡答道："是。难道不是如此么？"孔子道："不是如此，我拿一个道理贯通所有知识。"

【原文】

子曰："由！知德①者鲜矣。"

【注释】

①知德：德，是心中所得的义理。

【译文】

孔子说："由！知道德行内涵的人，如今很少了。"

【原文】

子曰："无为①而治者，其舜也与？夫何为哉，恭己正南面而已矣。"

【注释】

①无为：圣人盛德化民，不用作为。舜继尧为君，又得贤臣辅佐，政事已见治理，所以不见他有作为的形迹。

【译文】

孔子说："无所作为，天下自然太平，只有舜么！舜作什么呢？只见他恭恭敬敬，南面就天子之位罢。"

【原文】

子张问行^①。子曰："言忠信，行笃^②敬，虽蛮貊^③之邦行矣；言不忠信，行不笃敬，虽州^④里行乎哉？立，则见其参于前也；在舆，则见其倚于衡也^⑤。夫然后行。"子张书诸绅^⑥。

【注释】

①行：凡人处世，到处可以通行的理。
②笃：是厚。
③蛮、貊：蛮，南蛮。貊（mò），北狄。
④州：二千五百家。
⑤立，则见其参于前二句：其，指忠、信、笃、敬说；参，是并立；倚，是靠；衡，是车前驾马的横木。
⑥绅：古代士大夫束在腰间的大带子。

【译文】

子张问行的道理。孔子说："说话要忠、信，做事要笃、敬，就是到蛮貊的国里，也行的通；说话不忠、不信，做事不笃、不敬，就是在州里当中，能够行得通么？这样道理，像站立的时候，就恍恍惚惚见他并立在前；在车行的时候，也恍惚见他靠在车衡。必要如此，然后能够行得通。"子张把这话写在大带上，以便牢记。

【原文】

子曰："直哉史鱼^①！邦有道，如矢^②；邦无道，如矢。君子哉蘧伯玉！邦有道，则仕；邦无道，则可卷^③而怀^④之。"

【注释】

①史鱼：史官名鱼，是卫大夫。史鱼因自己不能贤退不肖，到了死的时候，吩咐他儿子不要殡殓，要陈尸谏君，所以夫子说他正直。
②矢：箭。
③卷：收。

④怀：藏。

【译文】

孔子说："正直的啊！是史鱼。国家有道时候，他像箭一般直的；国家无道时候，他也像箭一样直的。君子啊！是蘧伯玉。国家有道时候，他就出仕；国家无道时候，他就把本领隐藏起来。"

【原文】

子曰："可与言不与之言，失人①；不可与言而与之言，失言②。知者不失人，亦不失言。"

【注释】

①失人：错过了人。
②失言：白费言语。

【译文】

孔子说："可以同他说的而没有同他说，这叫做失人；不可以同他说而同他说，这叫做失言。明智的人，不失人，也不失言。"

【原文】

子曰："志士仁人①，无求生以害仁②，有杀身以成仁。"

【注释】

①志士，仁人：志士，有志节的；仁人，有仁德的。
②害仁：心安理顺，就是仁。理该就死而求活，是损害他心中天理。

【译文】

孔子说："志士、仁人，没有苟且求活而损害仁的，只有杀身舍命成仁的。"

【原文】

子贡问为仁①。子曰："工欲善其事，必先利②其器。居是邦也，事其大夫之贤者，友其士之仁者。"

【注释】

①为仁：做仁德的工夫。

②利：使锋利。

【译文】

子贡问仁的方法。孔子说："譬如工人要他做事做得好，必定要选那锋利的器具。凡住在这一国里，应当事奉大夫中有贤能的；结交士人中有仁德的。"

【原文】

颜渊问为邦①。子曰："行夏之时②，乘殷之辂③，服④周之冕⑤，乐则《韶》舞。放郑声⑥，远佞人⑦。郑声淫，佞人殆⑧。"

【注释】

①为邦：是治国。颜子王佐的才，要问治天下的道。为邦的问，是谦辞。

②夏之时：周朝用子月——十一月做岁首，殷朝用丑月——十二月做岁首，夏朝用寅月——就是旧历正月做岁首。因时作事，夏时合时令最正。

③殷之辂：辂（lù），大车。古来车制甚略，到殷朝分出贵贱等级，始有辂名。后来周朝又加文饰，但不如殷辂质朴可取。

④服：是戴。

⑤周之冕：冕，冠，前后有旒。周冕有五，等级分明；华美而并不过奢，是周制中的。

⑥放郑声：禁绝。郑声，郑国音乐。

⑦佞人：巧佞小人。

⑧殆：危。

【译文】

颜渊问治国的道理。孔子说："行夏朝的时令，乘殷朝的辂车，载周朝的冕旒，乐律就用虞舜的韶乐同舞法。禁绝郑声，驱佞人。因为郑声是淫荡的，佞人是险恶的。"

【原文】

子曰："人无远虑①，必有近忧②。"

【注释】

①虑：指审度思量。
②忧：忧患。

【译文】

孔子说："人没有久远的思虑，必会有切近的忧患。"

【原文】

子曰："已矣乎！吾未见好德如好色者也。"

【译文】

孔子说："罢了！我没有看见过喜欢美德就像喜欢美色一样的人。"

【原文】

子曰："臧文仲其窃位①者与？知柳下惠②之贤，而不与立也。"

【注释】

①窃位：位与德不称，像窃取职位一般。
②柳下惠：鲁大夫展获，字禽，居柳下，惠是谥法。

【译文】

孔子说："臧文仲，他是个窃取职位的人么！既已知道柳下惠的贤却还不肯与他并立在朝上呢。"

【原文】

子曰："躬①自厚②而薄③责于人，则远怨矣！"

【注释】

①躬：自身。

②厚：贵重。

③薄：责轻。

【译文】

孔子说："重责自己，轻责他人，自然远离怨恨了。"

【原文】

子曰："不曰①'如之何如之何②'者，吾末如之何也已矣。"

【注释】

①曰：是心口相量的话。

②如之何：两如之何，作一气读，是思量办法的话，末句如之何，作无可如何解。

【译文】

孔子说："不是心口相商，说这事怎样办的，这种人，我也奈何不得。

【原文】

子曰："群居终日，言不及义，好行小慧①，难矣哉！"

【注释】

①小慧：私智，是聪明狡猾的，不是明智有德的。

【译文】

孔子说："一群人聚集一整天地扯不到正理上，只喜欢卖弄些小聪明。这样人，真是难说的啊！"

【原文】

子曰："君子义以为质①，礼以行之，孙②以出之，信③以成之。君子哉!"

【注释】

①质：骨干。
②孙：谦让。
③信：诚实。

【译文】

孔子说："君子处事，拿义字做骨干，用礼仪去施行，用谦让做出来，用诚实成就成功。能够如此，真是君子啊!"

【原文】

子曰："君子病无能①焉，不病人之不己知也。"

【注释】

①病无能：病，抱愧。羞愧自己没有才能。

【译文】

孔子说："君子只羞愧自己没有才能，不怕没人知道自己呢。"

【原文】

子曰："君子疾①没世而名不称焉。"

【注释】

①疾：恨。

【译文】

孔子说："君子因恨死去以后，还没有令人称道的声名。"

【原文】

子曰："君子求诸己①，小人求诸人②。"

【注释】

①求诸己：君子所求，唯在学问道德，所以只要求自己。

②求诸人：小人所求，无非富贵荣宠。所以必要求人。

【译文】

孔子说："君子凡事只须求己，小人凡事必要求人。"

【原文】

子曰："君子矜①而不争，群②而不党。"

【注释】

①矜：庄严自持。

②群：与众和睦。

【译文】

孔子说："君子行事庄严谨慎，却没有争执；与众极其和睦，却没有私党。"

【原文】

子曰："君子不以言①举人②，不以人废言。"

【注释】

①言：二言字俱就好的面。

②人：二人字俱就不好一面。

【译文】

孔子说："君子不因他的言可取，就推举他的人；也不因他的人不足取，就舍弃他的言。"

【原文】

子贡问曰："有一言而可以终身①行之者乎？"子曰："其恕乎！己

所不欲，勿施于人。"

【注释】

①终身：一生。

【译文】

子贡问道："有没有一句话可以终身践行？"孔子说："只有恕道！我所不愿意的事，断不可加在别人身上。"

【原文】

子曰："吾之于人也，谁毁谁誉①？如有所誉者，其有所试矣。斯民也，三代之所以直道而行也②。"

【注释】

①谁毁谁誉：毁，毁谤；誉，过誉。凡称人善恶，须要实在，以明直道：毁誉是不实在的。两"谁"字作无字看，有寻索不得的意思。

②"斯民也"二句：是说这些人民，心本直的，所以三代圣王治民，必用直道而行；如今我岂敢妄有毁誉，不以直道待人呢。

【译文】

孔子说："我对于待人，谁毁谤他，谁过誉他？如果有过誉他的，也是曾经试验过，知道是好的了。这些百姓，就是经夏、商、周三代也是直道而行的呢。"

【原文】

子曰："吾犹及史之阙文也①。有马者借人乘之②，今亡矣夫！"

【注释】

①阙文：指存疑而空缺的文字，表示不妄自增益。
②借：凭借。

【译文】

孔子说:"我还能够看到史书存疑的地方。有马的人自己不能驯制,就凭借别人的乘用使马驯服,这样的态度在今天是没有了呀!"

【原文】

子曰:"巧言乱德。小不忍^①则乱大谋。"

【注释】

①小不忍:小不忍的人有两种:一是当断不断,姑息养奸;一是不当断而断,不忍不恣,以致激成大祸。

【译文】

孔子说:巧言会搅乱心中德性;不忍受小的磨难,就要破坏大的计谋。

【原文】

子曰:"众恶之,必察^①焉;众好之,必察焉。"

【注释】

①察:庸俗的人,或徇私意,好恶失当,有必要细细审察。

【译文】

孔子说:"众人厌恶他,必要审察;众人喜欢他,必要审察。"

【原文】

子曰:"人能弘道^①,非道弘人^②。"

【注释】

①人能弘道:弘,扩大。道在人心,只要人尽心去求,便能开拓这道体。

②非道弘人:不是在人外寻一个道来,能开拓那人。

【译文】

孔子说："人能开拓道，并不是道能开通人。"

【原文】

子曰："过而不改，是谓过矣①！"

【注释】

①是谓过矣：这就成了有心的过错，永远不得消除了。

【译文】

孔子说："有过错而不改，这才真成为错误了。"

【原文】

子曰："吾尝终日不食，终夜不寝，以思，无益，不如学①也。"

【注释】

①学：学古人的道理。

【译文】

孔子说："我曾经整天不吃，整夜不睡，只凭空思索道理，终究没有益处，不如用心去学呢。"

【原文】

子曰："君子谋道不谋食。耕也，馁①在其中矣；学也，禄②在其中矣。君子忧道不忧贫。"

【注释】

①馁：饿。谋食未必得食，耕田遇着荒年，其中也不乏饥饿的。
②禄：谋道未必无食，学问很好，自有爵禄可得。

【译文】

孔子说："君子只谋道不谋食；耕田求食也有饥饿在其中了；学得道理也有爵禄在其中了；君子只忧不能得道，不忧贫穷。"

【原文】

子曰："知及之，仁不能守之；虽得之，必失之。知及之，仁能守之。不庄以莅之，则民不敬。知及之，仁能守之，庄以莅①之。动之②不以礼，未善也。"

【注释】

①莅：临。
②动之：动民。就是鼓动他。

【译文】

孔子说："知识接近这个道理，却被私欲牵连，仁心不能守住；就是偶有所得，终久必然遗忘。知识接近这个道理，仁心能守得住。如果不是庄严去治理百姓，民就是不知敬畏。知识见得到这理，仁心能守得住，又是庄严的去治理百姓。如果不用礼教去教化他们，还算不得尽善哩。"

【原文】

子曰："君子不可小知①，而可大受也。小人不可大受，而可小知也。"

【注释】

①小知：在小事上知道他的长处。

【译文】

孔子说："君子的长处在小事上表现不出来，却可承受大任。小人不可承受大任，却可以在小事上知道他。"

【原文】

子曰："民之于仁也，甚于水火。水火，吾见蹈^①而死者矣，未见蹈仁而死者也。"

【注释】

①蹈：踏。

【译文】

孔子道："人靠仁呢，比靠水火尤其要紧，况且水火，我见有踏着就死了的；从未见有踏在仁上就死的呢。"

【原文】

子曰："当仁^①不让于师^②。"

【注释】

①当仁：为仁要自己承当。

②不让于师：弟子待先生，凡事都该谦让；唯独讲到为仁，便宜任不辞，不必在先生长者前作谦让的态度。

【译文】

孔子说："承当为仁的事，不可以推给师长。"

【原文】

子曰："君子贞^①而不谅。"

【注释】

①贞：固守正理。

【译文】

孔子说："君子只守护正理，却不讲小信。"

【原文】

子曰："事君，敬其事而后其食①。"

【注释】

①后其食：食，俸禄，后其食，把俸禄放在后一层，没有计较厚薄的意思。

【译文】

孔子说："凡事奉君上，当恭敬谨慎对待职务；却不计较他应得的俸禄。"

【原文】

子曰："有教无类①。"

【注释】

①无类：人性本善，只因或为气制裁所限，或为习俗所化，就有善恶的分别，如果有了君子的教训，那恶人也化为善，就没有等类可分。

【译文】

孔子说："凡是人都应该受教育，不应该分类别。"

【原文】

子曰："道①不同，不相为谋②。"

【注释】

①道：道，指趋向说。
②谋：是商量斟酌意。

【译文】

孔子说："道不同，就不能彼此商量谋划。"

【原文】

子曰："辞达①而已矣。"

【注释】

①辞达：凡做文辞，只要在得出胸中意思，不必求其华美。

【译文】

孔子说："文辞，表达意思就够了。"

【原文】

师冕①见，及阶，子曰："阶也。"及席，子曰："席也。"皆坐，子告之曰："某在斯，某在斯。"师冕出，子张问曰："与师言之道与？"子曰："然，固相②师之道也。"

【注释】

①师冕：师，乐师。名冕，古时是瞎子。
②相；扶助瞎子的，叫做相。

【译文】

师冕来见孔子，走到阶前，孔子说："这是阶。"走到席前，孔子说："这是席。"客都坐下，孔子告诉他道："某人在这里，某人在这里。"师冕辞了出去。子张问道："刚才夫子与师冕说的话，是道理上该如此么？"孔子说："是的，原来是扶助乐师的道理。"

季氏第十六

【题解】

《季氏》篇包括14章，该篇主要涉及的是孔子及其学生的政治活动、与人相处和结交时注意的原则、君子的三戒、三畏和九思等内容。

"益者三友。友直，友谅，友多闻，益矣。"结交见闻广博，富有涵养的朋友可以潜移默化的改善自己的心性，完善自己的人格，为自己的人生争光添彩。

成就事业的前提是培养健全的人格，激发追求的欲望，锻造健康、高尚的志趣。纵观历代成就伟业者，皆能敬畏先贤，"畏天命，畏大人。畏圣人言。"皆能修养德行，严谨自律，自强不息。绝不奢靡淫逸，浑浑噩噩，不攀附权贵，戏谑玩弄圣人之言。用圣贤之言警诫自己，用君子之行约束自我。见贤思齐，不口是心非，不标榜自我。修身养德，承继圣贤之学，陶冶情操，崇尚和平，尽自我绵薄之力，维系社会的和平，创造人类的幸福家园。

【原文】

季氏将伐颛臾①。冉有、季路见于孔子曰："季氏将有事于颛臾。"

孔子曰："求！无乃尔是过与？夫颛臾，昔者先王以为东蒙②主，且在邦域之中矣，是社稷之臣也。何以伐为？"

冉有曰："夫子欲之，吾二臣者皆不欲也。"

孔子曰："求，周任③有言曰：'陈力就列，不能者止。'危而不持，颠而不扶，则将焉用彼相④矣？且尔言过矣，虎兕出于柙，龟玉毁于椟中，是谁之过与？"

冉有曰："今夫颛臾，固而近于费⑤。今不取，后世必为子孙忧。"

子曰："求！君子疾夫舍曰欲之，而必为之辞。丘也闻有国有家者，不患寡而患不均，不患贫而患不安⑥。盖均无贫，和无寡，安无倾。夫如是，故远人不服，则修文德以来之。既来之，则安之。今由与求也，相夫子，远人不服而不能来也；邦分崩离析而不能守也；而谋动干戈于邦内。吾恐季孙之忧，不在颛臾，而在萧墙之内也。"

①颛臾（zhuān yú）：春秋时一个小国，鲁国的附庸国。

②东蒙：即东蒙山，一名蒙山，在鲁国东部。

③周任：古代一位有名的史官。

④相：辅助，辅助者。

⑤费：鲁国一个小城邑，季氏的封邑，其地在今山东费县。

⑥"不患"两句：上句"寡"字与下句'贫'字互倒。俞樾《古书疑义举例》卷六："此本作'不患贫而患不均，不患寡而患不安。'"译文据之。

【译文】

季氏将要攻打颛臾。冉有、季路前来拜见孔子，说："季氏将要对颛臾采取军事行动。"

孔子说："冉求！这会恐怕要责怪你吧？那个颛臾国，从前先王让它主持东蒙山的祭祀，况且它是在鲁国疆域之内的，是鲁国的臣属。有什么理由攻打它呢？"

冉有说："是季氏自己想要攻打，我们两人作为家臣，都不愿意这样。"

孔子说："冉求，周任有句话说：'能施展才能，就去任职，不能胜任，就该辞职。'主人走到了危险的地方却不去劝他，跌倒了却不去扶起他，那么还要助手干什么？再说，你的话显然是错了。老虎、犀牛从木笼子里逃了出来，龟甲、宝玉毁坏在匣子中，这是谁的过失呢？"

冉有说："那个颛臾国，城墙坚固，又靠近费邑，现在如果不攻打下来，到了后世必然会成为子孙的祸患。"

孔子说："冉求！君子讨厌那种隐藏真实情形而另找借口的人。我听说，当诸侯当大夫的，不担心贫穷而担心分配不均，不担心人口少而担心国家动荡。分配均匀了便不觉得贫困，和睦团结了便不觉得人少，人心安定了，国家便不会倾覆。正因为这样，所以当远方的人不愿归顺时，就要搞好礼乐教化使他们前来投奔。来了之后，还要使他们安下心来。现在你们两人辅佐季氏，远方的人不归服，却不能使他们投奔；王族分崩离析，却不能保全；反而策划在国内兴师动武。我看，只怕季孙应该担忧，不是颛臾，而在于鲁国宫墙之内啊。"

【原文】

孔子曰："天下有道，则礼乐征伐自天子出；天下无道，则礼乐征伐自诸候出。自诸侯出，盖十世希不失矣；自大夫出，五世希不失矣；陪臣执国命，三世希不失矣。天下有道，则政不在大夫；天下有道，则庶人不议。"

【译文】

孔子说："天下有道时，礼乐制度和征伐都由天子决定。天下无道时，礼乐制度和征伐都由诸候做主张。由诸侯做主很少有传到十代而不丧失政权的；如果由大夫做主，很少有传到五代而不丧失政权的。如果家臣操纵了国家的命脉，那就很少有传到三代而不丧失政权的。天下有道时，政权不会落到大夫手中；天下有道时，百姓也不会议论朝政。"

【原文】

孔子曰："禄之去公室五世矣①，政逮于大夫四世矣②，故夫三桓之子孙微矣③。"

【注释】

①禄：指实行爵禄的权力，即国家政权。五世：指鲁宣公、成公、襄公、昭公、定公。

②逮：及，到。四世：指把持鲁国国政以后的季氏四代，即文子、武子、平子、桓子。

③三桓：鲁国三卿仲孙、叔孙、季孙都是鲁桓公的后代，故称三桓。微：衰微。

【译文】

孔子说："国家失去爵禄之权已经五代了，国政落在大夫手里也已经四代了，因此恒公后代的三家子孙现在也衰微了。"

【原文】

孔子曰："益者三友。损者三友。友直，友谅，友多闻，益矣。友便辟，友善柔，友便佞，损矣。"

【译文】

孔子说："三种朋友是有益的，三种朋友是有害的。同正直的人交友，同守信用的人交友，同多识广的人交友，就有益。同阿谀奉承的人交友，同表面和善的人交友，同花言巧语的人交友，就有害了。"

【原文】

孔子曰："益者三乐，损者三乐。乐节礼乐，乐道人之善，乐多贤友，益矣。乐骄乐，乐佚游，乐宴乐，损矣。"

【译文】

孔子说："三种快乐是有益的，三种快乐是害的。把礼乐的节制当作快乐，把称赞他人优点当作快乐，把多结交贤朋好友当作快乐，就有益。把骄纵恣肆作快乐，把纵情游逛当作快乐，把贪图安逸当作快乐乐，就有害了。"

【原文】

孔子曰："侍于君子有三愆：言未及之而言，谓之躁；言及之而不言，谓之隐；未见颜色而言，谓之瞽。"

【译文】

孔子说："陪伴君子谈话容易犯三种过失：不该你讲话时你抢先说，这叫急躁；该你讲话时你不说，这叫隐瞒；不看君子脸色，随意说话，这叫盲目。"

【原文】

孔子曰："君子有三戒：少之时，血气未定，戒之在色；及其壮也，血气方刚，戒之在斗；及其老也，血气既衰，戒之在得。"

【译文】

孔子说："君子有三件事要警惕：年轻时，血气不定，要警惕迷恋女色；壮年时，血气方刚，要警惕逞强好胜；到了老年，血气衰弱，要警惕贪得无厌。"

【原文】

孔子曰："君子有三畏：畏天命，畏大人，畏圣人之言。小人不知天命而不畏也，狎大人，侮圣人之言。"

【译文】

孔子说："君子敬畏三件事；敬畏天命，敬畏身居高位的人，敬畏圣人的言论。小人不懂天命因而不敬畏，不敬重地位高的人，轻侮圣人的言论。"

【原文】

孔子曰："生而知之者，上也；学而知之者，次也；困而学之，又其次也；困而不学，民斯为下矣。"

【译文】

孔子说："生来就懂的，是上等的；学了才懂的，是次一等的；有了困惑再去学习的，是又次一等的；有了困惑也不学习，老百姓就因为这样而成了最下等的。"

【原文】

孔子曰："君子有九思：视思明，听思聪，色思温，貌思恭，言思忠，事思敬，疑思问，忿思难，见得思义。"

【译文】

孔子说："君子有九想：看的时候想看清楚，听的时候想听清楚，脸色想温和些，容貌想虔敬些，说话想可能诚恳些，做事想着要严肃认真，疑惑时就想向他人请教，发怒时就想到可能的后果，见到可得的利益时就想途径是合理。"

【原文】

孔子曰："见善如不及，见不善如探汤。吾见其人矣，吾闻其语矣。隐居以求其志，行义以达其道。吾闻其语矣，未见其人也。"

【译文】

孔子说："见到善良，便追之不及似的学习；见到邪恶，便像手伸进了开水似的。我见到过这样的人了，我听到过这样的话了。以隐居来坚守志向，以行义来实现主张。我听到过这样的话，但没有看见过这样的人。"

【原文】

齐景公有马千驷，死之日，民无德而称焉。伯夷、叔齐饿于首阳之下①，民到于今称之。其斯之谓与②?

【注释】

①首阳：山名。周武王灭商后，伯夷、叔齐隐居首阳山，采薇而食，后饿死。
②其斯之谓与：此句"斯"字所指内容不明确，此章起首又没有"子曰"二字，前人或认为有缺文。

【译文】

齐景公有四千匹马，死了以后，百姓对于他的德行没有什么可称颂的。伯夷、叔齐饿死在首阳山之下，百姓到今天还称颂他们。大概就是这个道理吧?

【原文】

陈亢问于伯鱼曰①："子亦有异闻乎?"
对曰："未也。尝独立，鲤趋而过庭。曰：'学诗乎?'对曰：'未也'。'不学诗，无以言。'鲤退而学诗。他日又独立，鲤趋而过庭。曰：'学礼乎?'对曰：'未也。''不学礼，无以立。'鲤退而学礼。闻斯二者。"

陈亢退而喜曰："问一得三，闻诗，闻礼，又闻君子之远其子也。"

【注释】

①陈亢：姓陈，名亢，字子禽。伯鱼：孔子的儿子，名鲤。

【译文】

陈亢向伯鱼问道："您在您父亲处听到过一些特别的教诲没有？"

伯鱼答道："没有，有一次，他独自站在庭中，我匆匆经过庭中，他问我：'你学《诗》了吗？'我回答：'没有。'他说：'不学《诗》，讲话就讲不好。'我回去后便学《诗》。又有一天，他又独自站在庭中，我又匆匆经过庭中，他问我：'你学礼了吗？'我回答'没有。'他说：'不学礼，无法立足社会。'我回去后便学礼。我私下听到过这两次教诲。"

陈亢回去后高兴地说："我问了一个问题，却得到三点收获，知道了《诗》重要，知道了礼的重要，还知道了君子不偏爱自己的儿子。"

阳货第十七

【题解】

《阳货》篇共 26 章，主要介绍了孔子的道德教育思想，以及孔子对"仁"的进一步解释等内容。

道的选择是人生的一大抉择。慎择其道，然后善谋其政，善事于政，则能兴国而惠民。若择道有误，则会一生曲折坎坷，满怀抱负而不能拯世救民，更有甚者，会误入歧途而不能自拔。"道之大，故天下莫不能容。"积善从德，是为君子之行；礼仪教化，是为政事之基。为官者造福一方，为仁者，不图回报，则政事清而民风淳，国之兴也。

【原文】

阳货①欲见孔子，孔子不见，归孔子豚②。孔子时其亡③也，而往拜之，遇诸涂④。谓孔子曰："来！予与尔言。"曰⑤："怀其宝而迷其邦，可谓仁乎？"曰："不可。""好从事而亟⑥失时，可谓知乎？"曰："不可。""日月逝矣，岁不我与。"孔子曰："诺。吾将仕矣。"

【注释】

①阳货：又名阳虎，季氏的家臣，阳货此时掌握了鲁国的权柄，权倾一时，后来在鲁国争夺中失势，被迫逃往外国。

②归孔子豚：归，同"馈"，赠送。豚，蒸熟了的小猪。按照当时的礼节，大夫送给士人礼物，如果士不是当面领受的话，他接收礼物后就应当去大夫家登门拜谢。阳货为了让孔子出仕，故意趁孔子不在家的时候送给孔子礼物，为的是让孔子回拜。孔子不愿见阳货，于是也趁阳货不在的时候去回拜。

③时其亡：时，同"伺"，窥测到。亡，不在家。

④涂：同"途"，道路。

⑤曰：这里的"曰"和下文的两个"曰"都是阳货见孔子不语，自己接着说的话。

⑥亟（qì）：屡次。

【译文】

阳虎想要孔子前来拜访，孔子不去见他，他就叫人送给孔子一头蒸熟了的小猪。孔子探听到阳虎出门了，就趁机去他家里拜望。两人在路上相遇，阳虎对孔子说："近前来！我同你有话说。"阳虎说："一个人怀有一身的本领，却听任国家污浊混乱，这样可以称作仁吗？"阳虎说："不可以啊。"阳虎又问："不志于从事政治事功。但多次错过机会，这可称为智吗？"阳虎说："不可以啊。"然后又说："时光流逝不息，岁月不等人啊。"孔子说："好的，那我准备出来做官了。"

【原文】

子曰："性相近也，习相远也。"

【译文】

孔子说："人的天性本来相近，因为习惯的影响才相去甚远。"

【原文】

子曰："唯上知^①与下愚^②不移。"

【注释】

①上知：最聪明者，聪颖超凡的。知，通智。
②下愚：最愚笨，不得开化的人。

【译文】

孔子说："只有那些绝顶聪明的人和那些愚笨透顶的人是不可改变的。"

【原文】

子之武城^①，闻弦歌之声。夫子莞尔^②而笑，曰："割鸡焉用牛刀？"子游对曰："昔者偃也闻诸夫子曰：'君子学道则爱人，小人学道则易使也。'"子曰："二三子！偃之言是也。前言戏之耳。"

【注释】

①武城：鲁国的城邑。当时子游任县长。
②莞尔：微笑的样子。

【译文】

孔子到了武城，听到乐曲的弹奏声。孔子微笑着说："杀鸡哪里用得牛刀？"子游回答说："以前我听您老人家说过：'为官者学习礼乐的道理就会爱人，普通人学习了礼乐的道理就容易调遣。'"孔子说："学生们！刚才子游说的话是对的，我前面说的话不过是开个玩笑罢了！"

【原文】

公山弗扰①以费畔②，召，子欲往。子路不说，曰："末之也已，何必公山氏之之也？"子曰："夫召我者而岂徒哉③？如有用我者，吾其为东周乎④？"

【注释】

①公山弗扰：季氏的家臣，和阳货一同挟持了季桓子，图谋篡逆。
②畔：通叛，反叛，叛乱。
③而岂徒哉：难道会让我白跑一趟吗？徒，枉费。
④吾其为东周乎：在东方复兴周王朝的礼乐制度，建立一个东方的周王朝。

【译文】

公山弗扰盘踞在费地发动叛乱，并召见孔子，孔子想要去见他。子路很不高兴，说："无处投奔就算了，何必要去公山弗扰那里呢！"孔子说："那个召我前往的人，难道会让我白跑一趟吗？如果有人任用我，我会在鲁国建立一个礼乐隆盛的新周王朝！"

【原文】

子张问仁于孔子。孔子曰："能行五者于天下，为仁矣。"请问之。

曰："恭、宽、信、敏、惠。恭则不侮，宽则得众，信则人任焉，敏则有功，惠则足以使人。"

【译文】

子张问孔子什么是仁。孔子说："能够在天下做到五点，就可以算是仁了。"子张问："请问是哪五点？"孔子说："恭敬、宽容、守信、机敏、慈善，恭敬就不会招致欺侮，宽容就能得到多数人的拥护，守信就会得到人们的信任，机敏就会取得成就，慈善就容易调遣别人。"

【原文】

佛肸①召，子欲往。子路曰："昔者由也闻诸夫子曰：'亲于其身为不善者，君子不入也。'佛肸以中牟②畔，子之往也，如之何！"子曰："然，有是言也。不曰坚乎，磨而不磷③；不曰白乎，涅而不缁④。吾岂匏瓜⑤也哉？焉能系而不食？"

【注释】

①佛肸（bì xī）：晋国大夫赵简子的家臣。
②中牟：当时晋国的地名，和现在的河南中牟不是一回事。
③磨而不磷：怎么磨它也不会变薄。磷，薄。
④涅而不缁：用黑色染它也不会变黑。涅，可作黑色染料的一种矿物。这里作动词，染黑。缁，黑。
⑤匏瓜："匏"（páo），形状类似于葫芦的一种植物，其中一种味至苦，不能吃，但可以系在腰间凫水。

【译文】

佛肸召见孔子，孔子想去。子路说："我以前听您老人家说过：'作恶之人，君子是不到他那里去的。'佛肸盘踞在中牟发动叛乱，您还要去见他，这是为什么啊？"孔子说："是的，我是说过这话，但是，人不是说坚硬的东西，怎么磨它也不会使它变薄；人们不也说白色的东西，怎么用黑染料染它也不会变黑。我难道是匏瓜么，只是系在腰间，而不能让人家吃！"

【原文】

子曰："由也，女闻六言六蔽①矣乎？"对曰："未也。""居②，吾语女。好仁不好学，其蔽也愚；好知不好学，其蔽也荡③；好信不好学，其蔽也贼④；好直不好学，其蔽也绞⑤；好勇不好学，其蔽也乱；好刚不好学，其蔽也狂。"

【注释】

①六言六蔽：这里的"言"是品德的意思。蔽，同"弊"，毛病、坏处。

②居：坐下。

③荡：放纵，不自我约束。

④贼：侵害、损伤。

⑤绞：尖刻恣睢。

【译文】

孔子说："仲由！你听说过六种美德六种弊病吗？"子路说："没有。"孔子说："坐好，我告诉你：喜好仁德但不好学习，它的毛病是容易昧而不明；喜好智慧但是不好学习，它的毛病是容易流连忘返，不懂得约束；喜好诚信但是不好学习，它的毛病是容易损害别人；喜好直率但不好学习，它的毛病是容易流于尖刻恣睢；喜好勇武但不好学习，它的毛病是容易导致祸乱；喜好刚强但是不好学习，它的毛病是容易放纵狂妄。"

【原文】

子曰："小子！何莫学夫《诗》？《诗》可以兴①，可以观②，可以群③，可以怨④。迩之事父，远之事君。多识于鸟兽草木之名。"

【注释】

①兴：感发人的意志，使人心纯善。

②观：通过《诗》以了解考察各地民风。

③群：群聚在一起相互探讨切磋。

④怨：抒发内心的痛苦不平。

【译文】

孔子说："年轻人怎么不学《诗》呢？《诗》可以感发人意志，培养人善良的感情；可考察各地民风；促使大家在一起讨论切磋；可抒发内心的愤懑不平。从近处来讲可以用其在的道理侍奉自己的国君；并且可以让人从中知道许多鸟兽草木的名字。"

【原文】

子谓伯鱼曰："女为《周南》、《召南》①矣乎？人而不为《周南》、《召南》，其犹正墙面而立②也与？"

【注释】

①周南召南：《诗经》中有十五国风，《周南》《召南》是开首的两部分，古人认为它们是礼义教化的根本，在《诗经》中有着不寻常的地位和意义。

②正墙面而立：面对着墙站着，指一步也不能向前。

【译文】

孔子对伯鱼说："你学习《周南》《召南》了吗？人如果不学习《周南》《召南》，就像是正对着墙壁站着，一步也不能前进了！"

【原文】

子曰："礼云礼云，玉帛①云乎哉？乐云乐云，钟鼓云乎哉？"

【注释】

①玉帛：玉器和丝织品。指典礼上用的贵重物品。

【译文】

孔子说："礼啊礼啊！难道就是指典礼上用的那些礼品吗？乐啊乐啊！难道就是指钟鼓这些乐器吗？"

【原文】

子曰："色厉而内荏①，譬诸小人，其犹穿窬之盗②也与？"

【注释】

①色厉而内荏：外表很严厉但内心很怯懦。荏，胆怯。
②穿窬之盗：穿，挖洞。窬（yú），同"逾"，爬墙。穿窬之盗，就是挖洞爬墙的小偷。

【译文】

孔子说："那些外表严厉但内心怯懦的人，如果用小人来做对比的话，大概就像那些穿洞而藏、越墙而逃的小偷吧。"

【原文】

子曰："乡愿①，德之贼②也！"

【注释】

①乡愿：指那些外表忠厚实则是非不分、没有主见随声附和的好好先生。
②贼：损坏、败坏。

【译文】

孔子说："那些不辨是非的好好先生，是道德的败坏者啊！"

【原文】

子曰："道听而途说，德之弃也。"

【译文】

孔子说："大肆传播在道路上随便听到的消息，这种做法是要不得的！"

【原文】

子曰："鄙夫①可与事君也与哉？其未得之也，患得之②；既得之，患失之。苟患失之，无所不至矣。”

【注释】

①鄙夫：道德水平低劣的人。

②患得之：这里是“患不得之”的意思。“患得之”是一种习惯成自然的误用。

【译文】

孔子说：“不可以同卑鄙小人一起侍奉君主啊！他在没有得到想要的东西时候，害怕得不到；得到以后又害怕失去；一旦担心失去，就不择手段、无所不为了。”

【原文】

子曰：“古者民有三疾，今也或是之亡也。古之狂也肆，今之狂也荡；古之矜也廉①，今之矜也忿戾②；古之愚也直，今之愚也诈而已矣。”

【注释】

①矜也廉：矜，自尊自大，廉，方正刚直。

②忿戾：蛮横乖张，不近人情。

【译文】

孔子说：“古时候的人有三种偏执的缺点，现在的人身上大概没有了。古时候的人狂妄但出言无忌，现在的人狂妄而且放荡不羁；古时候的人自尊自大但正直不阿，现在的人自尊自大而且蛮横无理；古时候的人虽然愚笨但耿直，现在的人愚笨而且内藏机诈。”

【原文】

子曰：“巧言令色，鲜矣仁！”①

【注释】

①此章重出，已见《学而》篇第三章。

【原文】

子曰：“恶紫之夺朱①也，恶郑声之乱雅乐也②，恶利口③之覆邦家者。”

【注释】

①恶紫之夺朱：恶（wù），厌恶。春秋时人们以红色为正色，而当时的很多君主都喜欢穿紫色的衣服，孔子认为这是僭乱的表现。

②郑声之乱雅乐：郑声，郑国的民间音乐，以淫靡著称。雅乐，周朝京城的雅正的音乐。

③利口：花言巧语。

【译文】

孔子说：“我痛恨那些用紫色夺去红色正宗地位的人，憎恨郑国的靡靡之音夺去雅正乐曲的正统地位。憎恨那些用花言巧语导致整个国家衰亡的人。”

【原文】

子曰：“予欲无言。”子贡曰：“子如不言，则小子何述焉？”子曰：“天何言哉？四时行焉，百物生焉，天何言哉？”

【译文】

孔子说：“我想闭口不言。”子贡说：“您如果不说话，那我们从哪里获取道理呢？”孔子说：“天说什么了呢！春秋四时运行无息，天下万物萌发生长，天说什么了呢？”

【原文】

孺悲欲见孔子①，孔子辞以疾。将命者出户，取瑟而歌，使之闻之。

【注释】

①孺悲：鲁国人。《礼记·杂记》载有孺悲欲向孔子学士丧礼事。

【译文】

孺悲想见孔子，孔子以生病为由拒绝了。待传话的人刚走出门，孔子就取瑟边弹边唱，故意使孺悲听到。

【原文】

宰我问："三年之丧，期已久矣。君子三年不为礼，礼必坏；三年不为乐，乐必崩。旧谷既没，新谷既升①，钻燧改火②，期③可已矣。"子曰："食夫稻，衣夫锦，于女安乎？"曰："安。""女安则为之！夫君子之居丧，食旨④不甘，闻乐不乐，居处⑤不安，故不为也。今女安，则为之！"宰我出。子曰："予之不仁也！子生三年，然后免于父母之怀。夫三年之丧，天下之通丧也。予也有三年之爱于其父母乎？"

【注释】

①升：出产。

②钻燧改火：燧，古代取火的工具，称燧石。改火，古代用以取火的木材随时节不同。春天用榆柳，夏天用枣木、桑木，秋天用柞木，冬天用槐檀，故称改火。

③期（jī）：一周年。

④旨：甘美的食物。

⑤居处：居住在平常的房子里。按照当时的礼节，父母去世，孝子应居住在用草料搭成的凶庐中，睡在草垫子上。

【译文】

宰我问孔子："父母去世，孝子为之守孝三年，时间也太长了。君子三年之内不去习学礼仪，礼仪便会荒废；三年之内不去演奏音乐，音乐一定会崩坏。陈的谷子已经消耗尽了，新的谷子已经产出来了，钻火用的燧木又经历了一轮回，一周年就够了。"孔子说："（父母去世不到三年）你吃稻米做的饭，穿锦缎衣服，你心中安稳吗？"宰我说："安稳。"孔子说："你心中安稳，那你就那样做好了！君子居丧期间，吃美味的食品都感到没有滋味，听到美妙的音乐都闷闷不乐，住在平时的居室中都不能安稳，所以不会那样做。现在你说心中安稳，那你就那样做好了!"宰我退了出去,孔子说:"宰我真是不仁之人啊!小孩生下来经过三年,才能脱离父母的怀抱,三年的守丧期限,是天下共同遵守。难道宰我就没有在他的父母怀中享受过三年的爱抚吗?"

【原文】

子曰:"饱食终日,无所用心,难矣哉!不有博弈者乎①?为之,犹贤乎已②。"

【注释】

①博弈:博和弈是两种棋类游戏。
②贤:胜过。已:止。

【译文】

孔子说:"整日吃饱了饭,无处用心,难有出息呀!不是有棋类游戏吗?即使做这样的游戏,也比什么都不做好些。"

【原文】

子路曰:"君子尚勇乎?"子曰:"君子义以为上。君子有勇而无义为乱,小人有勇而无义为盗。"

【译文】

子路问:"君子崇尚勇敢吗?"孔子说:"君子认为最高尚的是义。君子有勇力但是缺乏正义就会产生动乱,小人有勇气但是缺乏正义就会成为盗贼。"

【原文】

子贡曰:"君子亦有恶①乎?"子曰:"有恶:恶称人之恶者,恶居下流②而讪③上者,恶勇而无礼者,恶果敢而窒④者。"曰:"赐也亦有恶乎?""恶徼⑤以为知者,恶不孙以为勇者,恶讦⑥以为直者。"

【注释】

①恶(wù):憎恶。

②流：疑为衍文。

③讪（shān）：诽谤。

④窒：阻塞不通。

⑤徼：掠取。

⑥讦（jié）：说人的坏话揭发人的短处。

【译文】

子贡问："君子也有所憎恶之事吗?"孔子说："有憎恶之事。君子憎恶那些常挑人缺点的人，憎恶那些身居下位却诋毁上级的人，憎恶那些好勇但是无礼的人，憎恶那些果断却一意孤行的人。"然后问子贡说："赐，你也有憎恶之事吗?"子贡说："我憎恶那些以袭取别人的意见为己有者，憎恶那些以狂妄不逊为勇敢者，憎恶那些以常常揭发别人的短处为耿直者。"

【原文】

子曰："唯女子与小人为难养也，近之则不逊，远之则怨。"

【译文】

孔子说："只有女人和小人是难以共处的。和他们太亲密则就不合于礼，和他们太疏远了则会招致怨恨。"

【原文】

子曰："年四十而见恶焉，其终也已。"

【译文】

孔子说："到了四十岁还被人厌恶，这个人的一生是无望了。"

微子第十八

【题解】

《微子》篇共计 11 章，内容包括孔子的政治思想主张，其弟子与老农谈孔子，孔子关于塑造独立人格的思想等。

在人类历史前行的道路上，仁者用睿智的灵魂，穿越岁月的迷雾，照亮时空的隧道，引导后人前行的足迹，先贤以仁德的力量潜移默化地感染着后人的心灵，指引着他们面对生活、求索未来的方向。

【原文】

微子①去之，箕子②为之奴，比干谏而死③。孔子曰："殷有三仁焉。"

【注释】

①微子：名启，商纣王的哥哥。纣王暴虐无道，微子就离开他，独自归隐。

②箕子：名胥馀，是商纣王的叔叔。他见纣王残暴，几次劝谏都遭拒绝，箕子于是装疯，并被纣王降为奴。

③比干谏而死：比干，纣王的叔叔。他数次劝谏纣王，纣王说圣人心有七窍，于是将比干剖心致死。

【译文】

商纣王暴虐无道，微子离开了他，箕子做了他的奴隶，比干因劝谏不成而被杀。孔子说："殷朝有三位仁者啊！"

【原文】

柳下惠为士师①，三黜②。人曰："子未可以去乎？"曰："直道而事人，焉往而不三黜？枉道而事人，何必去父母之邦。"

【注释】

①士师：主管刑狱的官员。

②黜（chù）：罢免。

【译文】

柳下惠担任法官，曾多次遭到罢免。人们对他说："您怎么不离开鲁国呢？"柳下惠说："以正道侍奉君主，哪里可能不遭受罢免呢！用邪曲之道侍奉君主，哪里还用离开自己的祖国呢？"

【原文】

齐景公待孔子曰："若季氏，则吾不能；以季、孟之间待之①。"
曰："吾老矣，不能用也，"孔子行。

【注释】

①季、孟之间：鲁国三卿中，季氏为上卿，位最贵，孟氏为下卿，故有此季、孟之间的说法。

【译文】

齐景公讲到如何对待孔子时说："像鲁君对待季氏那样来待孔子，我做不到，我以介于季氏和孟氏之间的待遇来对待他。"

后来他又说："我老了，不能够用他了。"于是孔子离开了齐国。

【原文】

齐人归女乐①，季桓子受之②，三日不朝，孔子行③。

【注释】

①女乐：歌舞伎。
②季桓子：鲁国大夫季孙斯，鲁定公时为实际执政者。
③孔子行：事在鲁定公十三年，孔子时任鲁国司寇，他辞职离开鲁国即前往卫国。

【译文】

齐国向鲁国赠送一批歌姬舞女，季桓子接受了，且三天不行朝礼听政，于是孔子离开了鲁国。

【原文】

楚狂接舆①歌而过孔子曰："凤兮②！凤兮！何德之衰？往者不可谏，来者犹可追③。已而，已而！今之从政者殆而！"孔子下，欲与之言，趋而辟④之，不得与之言。

【注释】

①接舆：楚国的隐士，名陆通。楚昭王的时候令无常，陆通不得势，于是佯狂隐居，被目为狂人。

②凤兮：凤凰是一种祥瑞之鸟，凤鸟出世预示着圣人出现。这里用凤来比喻孔子。

③往者不可谏，来者犹可追：谏，劝阻。犹可追，还赶得上。意思是过去的难以换回了，但是将来的却还能赶得上。

④辟：同"避"，避开。

【译文】

楚国的狂人接舆唱着歌从孔子身边经过："凤啊凤啊，您的德行怎么会这样衰微？以前的已经难以换回，但以后却还能赶得上。算了算了，现在的从政者太危险了！"孔子从车上下来，想和他交谈，接舆迅速避开他，孔子难以和他说话。

【原文】

长沮桀溺①耦而耕，孔子过之，使子路问津焉。长沮曰："夫执舆②者为谁？"子路曰："为孔丘。"曰："是鲁孔丘与？"曰："是也。"曰："是知津矣③。"问于桀溺，桀溺曰："子为谁？"曰："为仲由。"曰："是鲁孔丘之徒与？"对曰："然。"曰："滔滔者天下皆是也④，而谁以易之⑤？且而⑥与其从辟⑦人之士也，岂若从辟世之士哉？"耰⑧而不辍。子路行以告。夫子怃然⑨曰："鸟兽不可与同群，吾非斯人之徒与而谁与⑩？天下有道，丘不与易也。"

【注释】

①长沮、桀溺：长沮、桀溺、当时的两个隐士，并非真名，其实姓

名已不可考。

②执舆：舆，车。执舆，指拉着马缰绳。

③是知津矣：是说孔子知道渡口所在。深层含义是说孔子周游列国，熟悉交通，故而讽刺他不能迷途知返，认不清政治形势。

④滔滔者，天下皆是也：滔滔者，大水奔流的样子。这里用以比喻天下混乱，人们不得其所。

⑤谁以易之：以，与。你们和谁去改变这种现状呢？

⑥而：同"尔"，你。

⑦辟：同"避"，避开。

⑧耰：仍然，继续。

⑨怃然：怅惘的样子。

⑩吾非斯人之徒与而谁与：我不同社会上的人打交道还和谁打交道呢？斯人，指世人。

【译文】

长沮、桀溺在田里并耕。孔子从他们身边经过，让子路问他们渡口在哪里。长沮说："那个手执马缰绳的是谁？"子路说："是孔丘啊。"长沮问："是鲁国的孔丘吗？"子路说："是。"长沮说："那他应该知道渡口在哪里啊。"子路又去问桀溺，桀溺说："你是谁？"子路说："是仲由。"桀溺说："是鲁国孔丘的弟子吗？"子路回答说："是的。"桀溺说："天下如今就像洪水一样奔流不息，人们不得其所，谁能够改变这现状呢？并且你跟随孔丘那种离开君主四处奔波的人，还不如跟从我这样的避世之人呢！"一边说，一边不停地将种子埋到土里。子路就走回来把他们的话告诉孔子。孔子若有所失地说："我们不能和山林鸟兽一起生活，我们不同社会上的人打交道，那和谁打交道呢？如果天下安定有序，我孔丘就不参与改革政事了。"

【原文】

子路从而后，遇丈人①，以杖荷蓧②。子路问曰："子见夫子乎？"丈人曰："四体不勤，五谷不分③，孰为夫子？"植其杖而芸④。子路拱而立。止子路宿，杀鸡为黍而食之，见其二子焉。明日，子路行以告。子曰："隐者也。"使子路反见之。至则行矣。子路曰："不仕无义。长幼之节，不可废也。君臣之义，如之何其废之？欲洁其身，而乱大伦。

君子之仕也，行其义也，道之不行，已知之矣！"

【注释】

①丈人：老年男子。

②蓧（diào）：用以除草的农具。

③四体不勤，五谷不分：四体，四肢。五谷，黍、稷、菽、麦、稻。关于这两句话指谁而言，有不同看法，有人认为是丈人批评子路，有人认为是丈人批评了孔子，有的认为是丈人自谦的话。这里采用中间一说。

④植其杖而芸：植，倚，这里是拄着的意思。芸，锄草。

【译文】

子路一路跟从孔子，有一次落在了后边。路上遇见一位年老的男子，用拐杖挑着一副除草的农具。子路问他："您看见我的老师了吗？"老年人说："他四肢不勤，五谷不分，怎么是你的老师呢？"说完就拄拐杖去锄草了。子路恭敬地拱手站在田边。当天老人把子路留宿在家中，并引见了自己的两个儿子。第二天，子路追上了孔子，把这件事告诉了孔子。孔子说："这是一位隐士啊。"让子路回去见他，子路回到他的住处，发现他已经走了。子路说："不做官是不应该的。长幼之间的礼节，不可以废弃；君臣之间的道义，就能够废弃吗？想保持自身高尚的节操，却违背了君臣之间的大义。君子出仕，是为了实行为臣之道啊。看来政治主张难以实现，是很明白的了。"

【原文】

逸民①：伯夷、叔齐、虞仲、夷逸、朱张、柳下惠、少连②。子曰："不降其志，不辱其身，伯夷、叔齐与！"谓："柳下惠、少连，降志辱身矣。言中伦③，行中虑，其斯而已矣。"谓："虞仲、夷逸，隐居放言④。身中清，废中权。我则异于是，无可无不可。"

【注释】

①逸民：隐逸者。

②虞仲、夷逸、朱张、少连：这四人事迹不详。

③伦：人伦法度。

④放言：不谈论世事。

【译文】

隐逸之士：伯夷、叔齐、虞逸、朱张、柳下惠、少连。孔子说："不降低自己的志向，不辱没自己的身份，说的大概就是伯夷、叔齐吧！"说柳下惠、少连："降低自己的志向、使自己的身份受到羞辱，但是语言符合伦理法度，行为经过深思熟虑，不过如此罢了！"说虞仲、夷逸："隐居避世，不谈世事，保持自己的人格操守，辞职合乎权宜。我跟他们都不一样，没有什么可以，也没有什么不可以。"

【原文】

大师挚适齐①，亚饭干适楚②，三饭缭适蔡，四饭缺适秦，鼓方叔入于河③，播鼗武入于汉④，少师阳、击磬襄入于海⑤。

【注释】

①大师：鲁国乐官之长。大，通太。挚：人名。

②亚饭：乐师，古代天子诸侯吃饭时都奏乐，每次吃饭所有奏音乐各异，亚饭即第二次进食时奏乐的乐师。以下三饭、四饭也由此得名。干：人名。以下缭、缺皆人名。

③鼓；击鼓者。方叔：人名。

④播：摇。鼗（táo）：一种摇鼓。武：人名。

⑤少师：乐官名。阳：人名。襄：人名。

【译文】

太师挚去了齐国，亚饭乐师干去了楚国，三饭乐师缭去了蔡国，四饭乐师缺去了秦国，击鼓的方叔入居黄河一带，摇小鼓的武入居汉水一带，少师阳和击磬的襄入居海边。

【原文】

周公谓鲁公①曰："君子不施②其亲，不使大臣怨乎不以③。故旧无大故，则不弃也。无求备于一人。"

①周公谓鲁公：周公，即周公姬旦。鲁公，是周公的儿子伯禽。

②施：通弛，疏远、怠慢的意思。

③不以：不被任用。

【译文】

周公对鲁公说："君子不疏远亲情，不要使大臣怨恨自己不受重用，老的朋友没有大的过错，不要轻易地抛弃他们，不要对一个人要求苛刻。

【原文】

周有八士：伯达、伯适、仲突、仲忽、叔夜、叔夏、季随、季骐①。

【注释】

①八人的事迹不可考。

【译文】

周朝有八位士人：伯达、伯适、仲突、仲忽、叔夜、叔夏、季随、季骐。

子张第十九

《子张》篇共计25章，内容主要包括孔子关于求学的精神，孔子关于学与仕的关系，君子与小人在有过失时的不同表现，以及孔子与其学生和他人之间的对话等。

知书才能达理，读书可以明事理，读书可以求真知，读书可以提高品味，改变一个人的心性，建立自强完善的人格，做一个道德高尚的人。

只有学识渊博，睿智之人，才能更好的匡扶社稷，服务于民。有丰厚学养之士，是民族的先觉醒者，在国家面临危难之时，总是能在第一时间挺身而出，取义成仁，奔走呼号，拯救时世。开创新时局，成为真正体现民族精神的脊梁。

【原文】

子张曰："士见危致命，见得思义，祭思敬，丧思哀，其可已矣。"

【译文】

子张说："一个士，遇见危险能献出自己的生命，看见有所得的时候能考虑是否合义的要求，祭祀的时候能想到是否严肃恭敬，居丧的时候想到是否哀伤，那也就可以了"。

【原文】

子张曰："执德不弘，信道不笃，焉能为有？焉能为亡①？"

【注释】

①焉能为有？焉能为亡：虽活着怎能说是有？虽死去怎能说是无？有他不多，没他不少，无足轻重的意思。

【译文】

子张说："固守德而不弘扬，信仰道而不忠实，这样的人，怎能说他有，又怎能说他没有？"

【原文】

子夏之门人问交于子张。子张曰："子夏云何？"

对曰："子夏曰：'可者与①之，其不可者拒之。'"

子张曰："异乎吾所闻：君子尊贤而容众，嘉善而矜②不能。我之大贤与①，于人何所不容？我之不贤与②，人将拒我，如之何其拒人也？"

【注释】

①与："可者与之"的"与"是相与、交往的意思，后两与"与"字是语气词。

②矜：怜惜，同情。

【译文】

子夏的学生向子张问怎样交友。子张说："子夏说了些什么？"

答道："子夏说：'可以相交的就和他相交，不可以相交的就拒绝他。'"

子张说："我听到的不太相同。君子尊敬贤人，也能够容纳众人，赞美善人而同情能力不够的人。如果我是大贤人，那我对人有什么不能容纳的呢？如果我不贤，那人家就会拒绝我，我还怎么能去拒绝别人呢？

【原文】

子夏曰："虽小道①，必有可观者焉。致远恐泥②，是以君子不为也。"

【注释】

①小道：指农圃医卜之类的技艺。

②泥：阻滞，不通。

【译文】

子夏说："虽然是些小的技艺，也一定有要取的地方，但用它来达到远大目标就行不通了，所以君子不干这些。"

【原文】

子夏曰："日知其所亡，月无忘其所能，可谓好学也已矣！"

【译文】

子夏说："每天能知道一些原来不知道的，每月都能记住已经学会的东西，可以说是好学的了。"

【原文】

子夏曰："博学而笃志^①，切问^②而近思，仁在其中矣。"

【注释】

①笃志："志"有两种解释：一，志同，记忆在心；二，志向。
②切问："切"有几种解释；一，恳切；二，近，指切身有关的事；三，急，急切，急迫。

【译文】

子夏说："广泛地学习而又坚守志向，就切身相关的问题发问而又从近处去思考，仁就在这中间了。"

【原文】

子夏曰："百工居肆^①以成其事，君子学以致其道。"

【注释】

①肆：有两种解释：一，陈列货物出售的市场；二，进行制作的作坊。

【译文】

子夏说："各种工匠住在作坊里完成自己的工作，君子通过学习来掌握道。"

【原文】

子夏曰："小人之过也，必文"。

【译文】

子夏说："小人犯了过错一定要掩饰。"

【原文】

子夏曰："君子有三变：望之俨然，即之也温，听其言也厉。"

【译文】

子夏说："君子有三变；远望他庄严可畏，接近他和蔼可亲，听他讲话是严厉不苟。"

【原文】

子夏曰："君子信而后劳其民，未信则以为厉^①己也；信而后谏，未信，则以为谤己也。"

【注释】

①厉：虐害。

【译文】

子夏说："君子要取得信任之后才去役使百姓，否则百姓就会以为你是在虐害他们；也要取得信任之后才去进谏，否则君主就会以为你是在诽谤他。"

【原文】

子夏曰："大德^①不逾闲^②，小德出入，可也。"

【注释】

①大德：大节。
②闲：栅栏，这里指界限。

【译文】

子夏说："大节上不能超越界限，小节上可以有些出入。

【原文】

子游曰："子夏之门人小子，当洒扫、应对、进退，则可矣。抑^①末也，本之则无，如之何？"

子夏闻之曰："噫！言游过矣！君子之道，孰先传焉？孰后倦^②焉？譬诸草木，区以别矣。君子之道，焉可诬^③也？有始有卒者，其惟圣人乎！"

【注释】

①抑：连词，表示转折。这里是可是的意思。
②倦：诲人不倦的倦，这里指教诲。
③诬：欺骗，是说如果不循序渐进，一概以高深的道理教人，就是欺骗学生。

【译文】

子游说："子夏的学生，做一些打扫和接待客人的工作是可以的，可这些只是细枝末节。根本的东西却没有学到，这怎么行呀？"

子夏听了，说："唉，言游错了。君子的道，哪些先传授，哪些后教诲呢？就和草木一样，都是分类区别的。君子的道怎么可以欺骗学生呢？至于能够有始有终，对于小事末节和根本道理都能学通了的，恐怕只有圣人吧！"

【原文】

子夏曰："仕而优^①则学，学而优则仕。"

【译文】

子夏说："做官有余力就去学习，学习有余力就去做官。"

【原文】

子游曰："丧，致^①乎哀而止。"

【注释】

①致：极、尽。

【译文】

子游说:"丧事做到尽哀就可以了。"

【原文】

子游曰:"吾友张也,为难能也,然而未仁。"

【译文】

子游说:"我的朋友子张是难得的了,但是还没有做到仁的境界。"

【原文】

曾子曰:"堂堂①乎张也,难与并为仁矣。"

【注释】

①堂堂:高大显赫,形容容貌威严,不易接近。

【译文】

曾子说:"子张外表堂堂,难于和他一起做到仁。"

【原文】

曾子曰:"吾闻诸夫子:人未有自致①者也,必也亲丧乎?"

【注释】

①致:尽其极。

【译文】

曾子说:"我听老师说过,人没有自己穷竭感情的,如果有,只有在父母死亡的时候吧。"

【原文】

曾子曰:"吾闻诸夫子:孟庄子①之孝也,其他可能也;其不改父之臣,与父之政,是难能也。"

【注释】

①孟庄子：鲁国大夫，名仲孙速。

【译文】

曾子说："我听老师说过，孟庄子的孝，别的其他人也可以做到，而他不撤换父亲的旧臣和坚持父亲的政治措施，这是难以做到的。"

【原文】

孟氏使阳肤①为士师，问于曾子。曾子曰："上失其道，民散久矣。如得其情，则哀矜而勿喜。"

【注释】

①阳肤：曾子的学生。

【译文】

孟氏任命阳肤做典狱官，阳肤向曾子请教。曾子说："在上位的人离开了正道，百姓就离心离德了。你如果能审出犯罪的真相，应该怜悯同情他们，不要洋洋自得。"

【原文】

子贡曰："纣①之不善，不如是之甚也。是以君子恶居下流，天下之恶皆归焉。"

【注释】

①纣：商代最后一个君主，历来被认为是暴君。

【译文】

子贡说："纣的残暴，不像现在传说的这样厉害。所以君子厌恶处在下流的地方，使天下一切坏名声都归于己身。

【原文】

子贡曰："君子之过也，如日月之食焉。过也，人皆见之；更也，人皆仰之。"

【译文】

子贡说："君子的过错好比日食月食。他犯过错，人们都看得见；他改正过错，人们都仰望着他。"

【原文】

卫公孙朝①问于子贡曰："仲尼焉学?"子贡曰："文武之道，未坠于地，在人。贤者识其大者，不贤者识其小者，莫不有文武之道焉。夫子焉不学? 而亦何常师之有?"

【注释】

①卫公孙朝：卫国大夫。当时鲁、郑、楚三国都有公孙朝，所以指明卫公孙朝。

【译文】

卫国的公孙朝问子贡说："仲尼的学问是从哪里学的?"子贡说："周文王武王的道，没有失传，还留在人们中间。贤能的人认识到其大处，不贤的人只认识到其小处。他们身上无不都有文王武王之道。我们老师哪里不在学，而哪里有固定的老师呢?"

【原文】

叔孙武叔①语大夫于朝，曰："子贡贤于仲尼。"

子服景伯以告子贡。

子贡曰："譬之宫墙②，赐之墙也及肩，窥见室家之好。夫子之墙数仞③，不得其门而入，不见宗庙之美，百官④之富。得其门者或寡矣。夫子之云，不亦宜乎!"

①叔孙武叔：鲁国大夫，名州仇。

②宫墙：宫也是墙的意思，不指房屋，宫墙即围墙。

③仞：七尺为仞，或说五尺六寸。

④官：这里指房舍。

【译文】

叔孙武叔在朝廷上对大夫们说："子贡比仲尼更贤。"

子服景伯把这话告诉了子贡。

子贡说："拿围墙来作比喻吧，我家的围墙只有齐肩高，人们在墙外可以看得房屋的华丽，老师的围墙却有几仞高，如果找不到门进去，就看不到那宗庙的富丽堂皇。能够找到门的人或许不多吧，叔孙武叔那样讲，不也很自然吗？"

【原文】

叔孙武叔毁仲尼。子贡曰："无以为也①，仲尼不可毁也。他人之贤者，丘陵也，犹可逾也；仲尼，日月也，无得而逾焉。人虽欲自绝，其何伤于日月乎？多②见其不知量也。"

【注释】

①无以为也：以，此。无以为也，就是无用为此，这样做是没有用的。

②多：只、恰好。

【译文】

叔孙武叔诽谤仲尼。子贡说："这样做是没有用的，仲尼是毁谤不了的。别人的贤德好比丘陵，是超越过去的，仲尼好比日月，是没法超越的。虽然有人要自绝于日月，那么对日月又有什么损害呢？恰恰是表明他的不自量而已。"

【原文】

陈子禽谓子贡曰："子为恭也，仲尼岂贤于子乎？"

子贡曰："君子一言以为知,一言以为不知,言不可不慎也。夫子之不可及也,犹天之不可阶而升也。夫子之得邦家者,所谓立之斯立,道①之斯行,绥②之斯来,动之斯和。其生也荣③,其死也哀。如之何其可及也!"

【注释】

①道:通导,引志,教化。

②绥:安。

③其生也荣:有几种解释:一,"荣"解释为乐,他生时,百姓快乐;二,荣作光荣讲,大家都觉得他光荣;三,荣是说世人莫不尊敬他。

【译文】

陈子禽对子贡说:"你是谦恭吧,仲尼难道比你还贤能吗?"

子贡说:"君子一句话就表现了他的知,一句话也可以表现出他的不知,所以说话不可不谨慎啊。老师的高不可攀,正像天是不能靠梯子爬上去一样。老师如果厉为诸侯或卿大夫来治理国家,那就会像人们所说的那样,教百姓立于礼,百姓就能立;引导百姓,百姓就跟随;安抚百姓,百姓就会来归顺;动员百姓,百姓就会同心协力。他活着大家都尊敬他,他死了大家都表示哀痛。我们怎样能赶得上呢?"

尧曰第二十

《尧曰》篇共3章，主要涉及尧禅让帝位给舜，舜禅让帝位给禹，即所谓三代的善政和孔子关于治理国家事务的基本要求。

孔子一生敬慕尧、舜等古代圣明的君主，主张尊贤重德，弘扬王道，以古代圣贤的仁德而治理天下大同的世界。面对纷繁复杂的世事，孔子能"知其不可为而为之"，尽管四处碰壁却坚守信仰，不懈的宣扬"仁"的思想，克己复礼，以救时世，体现他尽忠事君，为学立世的朴素儒学思想。

【原文】

尧曰："咨①！尔舜！天之历数②在尔躬。允执③其中④。四海困穷，天禄永终。"舜亦以命禹。

曰："予小子履，⑤敢用玄牡⑥，敢昭告于皇皇后帝：有罪不敢赦。帝臣不蔽，简⑦在帝心。朕⑧躬有罪，无以万方；万方有罪，罪在朕躬。"周有大赉⑨，善人是富。"虽有周亲，不如仁人。百姓有过，在予一人。"谨权量，审法度⑩，修废官，四方之政行焉。兴灭国，继绝世，举逸民，天下之民归心焉。所重：民、食、丧、祭。宽则得众，信则民任焉，敏则有功，公则说。

【注释】

①咨（zī）：即啧（zè），感叹词，表示赞美。

②历数：日月五行历运之数，即天道，引申为帝王兴替的次序。

③允执：允：诚信。执：坚持。

④中：无"过"无"不及"。

⑤予小子履：履是商汤的名字。他祭天地时自称"予小子"，意即天帝的儿子（天子）。

⑥玄牡（mú）：黑色的公牛，祭祀时做牺牲用。

⑦简：情实，这里是知道的意思。

⑧朕（zhèn）：即我。从秦始皇起专用作帝王的自称。

⑨赉（lài）：赏赐。

⑩谨权量，审法度：谨慎地检查度量衡。权，权衡，即量轻重的标准。量，量容积的标准。法度，指量长度的标准，这里指礼乐制度。

【译文】

尧说："啧啧！舜啊！根据帝王兴替的次序，帝位已经落到你的身上了，你要真正做得恰到好处。如果天下的人都陷于贫困，那么天下禄位就永远完结了。"舜也是这样告诫禹。

商汤说："我大胆地用黑色公牛来祭祀，大胆地向伟大先皇祷告：有罪的人，我不敢擅自赦免。您的臣仆夏桀的罪过，我不敢隐瞒，您心里是明白的。我本人若有罪，不要责怪天下万方；天下万方若有罪，都归罪在我一人身上。"周朝建立，遍加赏赐，分封诸侯，使善人都富庶起来。周武王说："虽有同姓亲戚，不如有仁德之人。天下的百姓有过错，责任都在我一人身上。"孔子说谨慎地检查度量衡，审订礼乐制度，修复被废置的官府，政令就可以通行四方了。复兴衰退的国家，继承信日的盛世，推举隐逸的贤才，天下的民众就会同心同德了。作为国家应该重视的是：民众、粮食、丧事、祭祀。宽厚就能得到众人的拥护，诚信就能得到众人的信任，勤快就能获得成功，公平就能愉悦众人。

【原文】

子张问于孔子曰："何如斯①可以从政矣？"子曰："尊五美，屏②四恶，斯可以从政矣。"

子张曰："何谓五美？"子曰："君子惠而不费，劳而不怨，欲而不贪，泰而不骄，威而不猛。"

子张曰："何谓惠而不费？"子曰："因民之所利而利之，斯不亦惠而不费乎？择可劳而劳之，又谁怨？欲仁而得仁，又焉贪？君子无众寡，无小大，无敢慢，斯不亦泰而不骄乎？君子正其衣冠，尊其瞻视，俨然人望而畏之，斯不亦威而不猛乎？"

子张曰："何谓四恶？"子曰："不教而杀谓之虐，不戒视成谓之暴；慢令致期谓之贼；犹之与人也，出纳之吝，谓之有司③。"

①斯：就。

②屏（bǐng）：摒弃，排除。

③有司：管理财务的小官，这里是小气的意思。

【译文】

子张向孔子请教说，说："怎样才可以处理政事呢？"

孔子说："尊重五种美德，排除四种恶政，就可以管理政事了。"

子张问："什么是五种美德？"

孔子说："惠民而省己，劳碌而不怨，欲仁而不贪，泰然而不骄，威严而不凶。"

子张问道："什么叫惠民而不费呢？"孔子说："叫民众自己选择对他们有利的事，这不就是惠民而无须国家破费了吗？选择民众能干的事让他们去干，又有谁会抱怨呢？自己追求仁德而得到仁德，又怎么会贪婪呢？无论人多人少，势力大小，君子都不敢怠慢，那不就是泰然而不骄了吗？君子衣冠整齐，目光严肃端正，令人望而生畏，这不也就是威严而不凶悍了吗？"

子张又问道："什么是四种恶政呢？"孔子说："事先不教化就杀人叫做虐，事先不训诫就坐享其成叫做暴，政令迟缓却限期完工叫做贼，布施东西却很吝啬叫做小气。"

【原文】

子曰："不知命①，无以为君子也；不知礼，无以立也；不知言，无以知人也。"

【注释】

①命：命运，命脉，这里指人生规律，社会规律。

【译文】

孔子说："不懂得天地人生的规律，就不能做君子；不懂得礼义，就不能安身立命，不了解对方的言论，就不能了解那个人。"

大学

一、"经文"

【原文】

大学之道①，在明明德②，在亲民③，在止于至善④。

【注释】

①大学：先秦时期贵族的教育分为两个阶段，八岁入小学，学习基本的知识与技能；十五岁入大学，学习修身治国的道理。大，古音读"秦"，现在仍读"大"。

②明明德：前一个"明"为动词，意为"使……彰显、显明"，第二个"明"为形容词，意为"光明的"。

③亲：程颐认为"亲"通"新"，为革旧更新之意。

④止：达到目的并且不移动。至：极，最。

【译文】

大学的宗旨，在于彰显人们光明的德行，进而使人革旧更新，达到至善的最高境界。

【原文】

知止而后有定①，定而后能静②，静而后能安，安而后能虑③，虑而后能得④。

【注释】

①止：所止之地，即上文所说的"至善"境界。

②静：心境安定不乱，没有杂念。

③虑：行事思虑周详、严密。

④得：指达到"至善"境界。

【译文】

知道了应该达到的目标，然后才能有确定的志向；有了确定的志

向，然后才能心静；有了安定的心境，然后才能周详地思虑；有了思虑
周密的行事方法，才能处事得宜，达到至善的最高境界。

【原文】

物有本末①，事有终始，知所先后，则近道矣。

【注释】

①本末：指树的根与梢。

【译文】

事物都有本有末，有始有终。知道事物的先后顺序和规律，就接近
大道了。

【原文】

古之欲明明德于天下者，先治其国①；欲治其国者，先齐其家②；欲
齐其家者，先修其身③；欲修其身者，先正其心；欲正其心者，先诚其
意；欲诚其意者，先致其知④；致知在格物⑤。

【注释】

①国：奴隶社会中诸侯统治的地方叫"国"。
②齐：整治，治理。家：家庭。
③修其身：努力提高自身的品德修养。
④致其知：欲其所知无不尽也，即使他的知识极为丰富，达到无所
不知的地步。
⑤格物：探究事物的原理、规律。

【译文】

古代有想要彰显德行于天下的人，先要治理好自己的国；想要治理
自己的国，就要先整治好家；想要先整治好家，就要先努力提高自身的
品德修养；想要努力提高自身的品德修养，就要先端正思想；想要端正
思想，就要先使自己的心意诚实；想要使自己的心意诚实，就要先充实
知识；充实知识的方法在于探究事物的原理、规律。

【原文】

物格而后知至，知至而后意诚，意诚而后心正，心正而后身修，身修而后家齐，家齐而后国治，国治而后天下平。

【译文】

探究事物的原理、规律才能得到真知；有了丰富的知识才能使意念诚实；有了诚实的意念才能使思想端正；端正思想，才能提高自身的品德修养；提高了自身的品德修养，才能整治好家；整治好家才能治理好国，治理好国才能使天下太平。

【原文】

自天子以至于庶人①，壹是皆以修身为本②。

【注释】

①庶人：平民百姓。
②壹是：一律，都。

【译文】

从天子到平民百姓，一律要以修身养性为根本。

【原文】

其本乱而末治者否矣①，其所厚者薄，而其所薄者厚，未之有也②！

【注释】

①本：根本，是指上文所说的"修身"。末：末端，是指上文所说的"齐家、治国、平天下"。
②之：指现代文中所说的本末倒置的情况。

【译文】

那种动摇了修身之本，而能齐家、治国、平天下的人，是不存在的。对自己关系亲近的人情意淡薄，而对自己关系淡薄的人却情意浓厚，没有这样的情理。

【朱熹提示】

右经一章^①，盖孔子之言，而曾子述之^②。其传十章^③，则曾子之意，而门人记之也。旧本颇有错简，今因程子所定，而更考经文，别为序次如左。

【注释】

①经：经文，经典。

②曾子：孔子弟子，姓曾名参，字子舆。相传儒家经典《孝经》，是由他记录传世的。

③传（zhuàn）：名词，指老师讲授的知识，后来通称解释经典的文字著述。

【译文】

以上的一章经文大概是孔子说而由曾参记述的。接下来的十章传文，是曾参的见解，由曾参的学生记录而成。旧版本的文字多有谬误，现在按程颐的校正，再考证经文，分别列出篇章次序如下。

二、释"明明德"

【原文】

《康诰》曰^①："克明德^②。"

《大甲》曰^③："顾諟天之明命^④。"

《帝典》曰^⑤："克明峻德^⑥。"皆自明也。

【注释】

①《康诰》：《尚书·周书》的章节名。周公平定武庚的叛乱后封康叔于殷地，《康诰》是周公封康叔时作的文诰。

②克：能够。

③《大甲》：即《太甲》，《尚书·商书》中的篇名。

④顾谡天之明命：这是伊尹训诫太甲的话。顾，回顾思念。谡，古"是"字，犹此的意思。

⑤《帝典》：《尧典》，《尚书·虞书》中的篇名。主要记载尧舜二帝的事迹。

⑥克明峻德：为人能明德，必定能发扬光大。峻，大。

【译文】

《康诰》说："能够崇尚美德。"

《太甲》说："要顾念上天赋予的光明使命。"

《帝典》说："能够彰显伟大崇高的德性。"这些书上所说的意思都是自己去光明彰显自己的德性。

三、释"新民"

【原文】

汤之盘铭曰①："苟日新，日日新，又日新。"《康诰》曰："作新民②。"《诗》曰③："周虽旧邦，其命惟新。"是故君子无所不用其极④。

【注释】

①汤：商汤，商朝的开国君主。铭：镂刻在器物上用为记述事实、歌颂功德等的文字，后来演变成一种文体。

②作：振作，兴起。

③《诗》：此处引自《诗经·大雅·文王》，是赞美周文王的。

④是故：因此。君子：这里指统治者。

【译文】

商汤的浴盆上刻着这样的铭文："假如要保持清洁，除去身上的污垢，就必须天天清洗而不间断。"《尚书·康诰》中说："要使人振作，革旧更新。"《诗经·大雅·文王》中说："周虽然是个古老的国家，但它仍能顺应天命，不断革新。"因此，统治者在新民方面，要尽心尽力，以求达到善的最高境界。

四、释"止于至善"

【原文】

《诗》云:"邦畿千里,惟民所止^①。"

《诗》云:"缗蛮黄鸟,止于丘隅^②。"子曰:"于止,知其所止,可以人而不如鸟乎!"

《诗》云:"穆穆文王,於缉熙敬止^③!"为人君,止于仁;为人臣,止于敬;为人子,止于孝;为人父,止于慈;与国人交,止于信。

【注释】

①邦畿千里,惟民所止:此句出自《诗经·商颂·玄鸟》篇。邦畿,即古时候天子直接管辖的国度俗称。止,指居所、居住地。

②缗蛮黄鸟,止于丘隅:此句出自《诗经·小雅·绵蛮》篇。

③"《诗》云"句:此两句诗摘自《诗经·大雅·文王》篇。文王,即周文王。穆穆,指仪表堂堂,样子端庄恭敬。

【译文】

《诗经》说:"京都幅员辽阔,方圆千里都是百姓居住的地方。"

《诗经》说:"黄鸟鸣叫着'缗蛮',栖息在树林茂盛冈。"孔子读了这两句诗感慨地说:"唉,黄鸟儿都知道栖息在它所应当在的地方,难道人还比不上鸟吗?"

《诗经》说:"周文王仪表堂堂,端庄谦逊,他光明的美德使人们无不尊重、敬仰。"作为国君,他的言行举止要做到仁爱;作为属臣,他的言行举止要做到恭敬;作为儿女,他的言行举止要显示孝顺;作为父亲,他的言行举止要体现慈爱;与国人交往他应该做到坚守信义。

【原文】

《诗》云:"瞻彼淇澳,菉竹猗猗。有斐君子,如切如磋,如琢如磨。瑟兮僩兮,赫兮喧兮。有斐君子,终不可谊兮^①!"

如切如磋者,道学也^②;如琢如磨者,自修也;瑟兮僩兮者,恂栗也③；赫兮喧兮者，威仪也④；有斐君子，终不可谊兮者，道盛德至善⑤，民之不能忘也。

【注释】

① "《诗》云"句：此段诗摘自于《诗经·卫风·淇澳》篇。
②道：言。学：讲习讨论。
③恂栗：形容因恐惧而发抖。这里指谦恭谨慎的样子。
④威仪：威严的样子。
⑤道盛德至善：指君子道德已发扬光大，到了至善的地步。

【译文】

《诗经》里说："看那淇水弯曲的岸边，青绿色的竹子郁郁葱葱。那文采斐然的君子卫武公，犹如骨角经过切磋，犹如玉石经过琢磨。他仪表堂堂而庄重威严，他的品德光明彰显，那富有文采的君子卫武公，使他的臣民永远都不能忘怀啊！"

诗中"如切如磋"，比喻严谨治学；"如琢如磨"，形容修身养性；"瑟兮僴兮"，是指内心谨慎；"赫兮喧兮"，是形容仪表威严；"有斐君子，终不可谊兮"，是指卫武公具有美好的品德，德性修养已达到尽善尽美的境界，老百姓当然都不能忘记他了。

【原文】

《诗》云："於戏！前王不忘①。"君子贤其贤而亲其亲②，小人乐其乐而利其利，此以没世不忘也③。

【注释】

① "《诗》云"句：此句出自《诗经·周颂·烈文》篇。此句是诗人赞叹前世圣王的德泽流传深远，使人不忘之意。於戏（wū hū），叹词。前王，指周文王。这里泛指古代贤王。
② "君子"句：前一个"贤"字作动词，意尊重，敬重。后一个"贤"字作名词，指贤明的君子。亲其亲，前一个"亲"作动词，是亲爱，亲近；后一个"亲"作名词，意为亲族。
③ "小人"句：乐其乐，前一个"乐"为动词，意为以……为快

乐。利其利，前一个"利"为动词，意为获得利益。此以，因此，所以。没世，终身，一辈子。

【译文】

《诗经》说："啊，前代贤王的品德永不被人遗忘。"那是因为后代的君王景仰品德高尚的前代贤王，热爱创立基业的前代亲人。百姓之所以不忘前王，是乐于享受前王创造的安乐局面，利于享有前王所带来的利益，因此，前代贤王永垂青史，人们终不能忘记他。

五、释"本末"

【原文】

子曰："听讼^①，吾犹人也，必也使无讼乎！"无情者不得尽其辞^②。大畏民志^③，此谓知本。

【注释】

①听讼：听取诉讼，审理。
②情：真实情况。
③畏：让……敬畏，让人敬服。

【译文】

孔子说："审理诉讼，我跟别人想法一样，一定要使人们不再发生诉讼。"对于没有真凭实据的诉讼人，要使他不能够狡辩；统治者则要让百姓从思想上敬服他。这就是懂得根本的道理。

六、释"格物致知"

【原文】

此谓知本^①。此谓知之至也。

【注释】

①此谓知本：这一句与上文重复，程子怀疑其为"衍文"。

【译文】

这就叫作认识根本的道理，可谓达到"知"的最高境界。

七、释"诚意"

【原文】

所谓诚其意者：毋自欺也，如恶恶臭①，如好好色②，此之谓自谦③，故君子必慎其独也④！小人闲居为不善，无所不至，见君子而后厌然⑤，揜其不善，而著其善⑥。人之视己，如见其肺肝然，则何益矣。此谓诚于中，形于外⑦，故君子必慎其独也。曾子曰："十目所视，十手所指，其严乎！"富润屋，德润身，心广体胖⑧，故君子必诚其意。

【注释】

①恶恶臭：厌恶恶劣的气味。

②好好色：喜好漂亮的女子。第一个"好"（hào），指喜好。第二个"好"（hǎo），指漂亮的。

③之：助词。谦（qiè）：通"慊"，满意。

④慎其独：独处时能谨慎不苟。

⑤厌（yǎn）然：遮遮掩掩的样子。

⑥著：显露。

⑦形：表现。

⑧心广：心胸宽广。

【译文】

意念诚实就是不要自欺。厌恶坏事就像厌恶恶劣的气味，喜爱善事就像喜爱漂亮的女子，这种诚实叫作自我满意。所以君子在独处时也要谨慎不苟。小人独处时做坏事，没有干不出来的坏事，一见到君子就会遮遮掩掩，掩盖自己不好的行为，显露自己的好行为。但是周围的人看他，就像能看到他的肝肺一样，那么，这些遮掩又有什么用呢？所谓心中意念诚实，自然会表现在外在的言行上。所以君子一定要慎重地对待独处。曾参说："有很多眼睛注视着你，有很多只手指着你，这是多么可怕啊！"财富能修建、装饰房屋，道德能完善个人的修养，心胸宽广才能身体安舒，所以君子一定要意念诚实。

八、释"正心修身"

【原文】

所谓修身在正其心者，身有所忿懥[1]，则不得其正；有所恐惧，则不得其正；有所好乐，则不得其正；有所忧患，则不得其正。

心不在焉[2]，视而不见，听而不闻，食而不知其味，此谓修身在正其心。

【注释】

[1]忿懥（zhì）：懥，发怒，愤怒。

[2]心不在焉：比喻心不专注。焉，兼词用法，犹言"于此"，意即"在这里"。

【译文】

所谓提高自身的品德修养，关键在于端正自己的思想，自身有所愤怒，内心就不能端正；自身有所畏惧，内心就不能端正；自身有所享乐，内心就不能端正；自身有所忧患，内心就不能端正。

心不在焉，看一件东西，仿佛没有看见一样，听一种声音，仿佛没有听到一样，吃了东西却不知道是什么味道。所以说提高自身品德修养关键在于端正自己的内心。

九、释"修身齐家"

【原文】

所谓齐其家在修其身者：人之其所亲爱而辟焉[1]，之其所贱恶而辟焉^②，之其所畏敬而辟焉，之其所哀矜而辟焉^③，之其所敖惰而辟焉^④。故好而知其恶^⑤，恶而知其美者^⑥，天下鲜矣^⑦！故谚有之曰："人莫知其子之恶，莫知其苗之硕。"此谓身不修不可以齐其家。

【注释】

①人：指众人。之：相当于介词"于"。辟：通"僻"。偏见，偏激。
②贱：看不起，鄙视。恶（wù）：讨厌，厌恶。
③哀矜（jīn）：怜悯、同情。
④敖惰：指自己所轻视和怠慢的人。
⑤恶（è）：短处，缺点。
⑥美：优点。
⑦鲜（xiǎn）：稀少，少有。

【译文】

所谓治家首先在于修身，意思是：人们对于自己亲近喜爱的人会有偏爱，对于自己鄙视厌恶的人会有偏见，对于自己敬畏的人会有偏见，对于自己怜悯同情的人会有偏袒，对于自己轻视怠慢的人会有偏见。所以喜好某人却能知道他的缺点，厌恶某人却能知道他的优点，能做到这一点的人天下实在是太少了，所以有这样的俗语："没有人会认为自己的孩子长得难看，也没有人会对自己茂盛的禾苗感到满足。"这就是不修身就不能够治家的道理。

十、释"齐家治国"

【原文】

所谓治国必先齐其家者，其家不可教而能教人者，无之。故君子不出家而成教于国^①。孝者，所以事君也^②；弟者，所以事长也^③；慈者，所以使众也。

《康诰》曰："如保赤子^④。"心诚求之，虽不中不远矣^⑤。未有学养子而后嫁者也。

【注释】

①成教：成功地教化。

②孝者，所以事君也：儒家认为孝亲是事君的基础，人能孝敬亲人，就能够侍奉好君王。

③弟者，所以事长也：人能尊敬兄长，就自然能敬事官吏。弟，通"悌"。长，指兄长，这里指官吏。

④如保赤子：据《尚书·周书·康诰》篇作"若保赤子。"是周成王告诫泰叔的话，意思是要他保护平民如同母亲保护婴儿一样。赤子，初生的婴儿。

⑤中（zhòng）：达成目标。

【译文】

要想治理好国家首先要治理好家庭。不能治理好本家族，却能治理国家的人，还未听说过。因此道德修养高尚的君子，即使不离开自己的家族，也能够发挥治理国家教化人们的作用。家族中的孝道可以用来侍奉国君，悌道可以用来敬事官吏，慈道可以用来教化民众。

《康诰》说："爱护民众就像母亲爱护初生婴儿一样。"只要真诚地追求，即使不能达到目标，也不会相差很远。生活中没有见过先学会如何养育孩子然后再出嫁的女子。

【原文】

一家仁，一国兴仁；一家让，一国兴让；一人贪戾①，一国作乱。其机如此。此谓一言偾事②，一人定国③。

尧舜帅天下以仁④，而民从之；桀纣帅天下以暴，而民从之。其所令反其所好⑤，而民不从。是故君子有诸己而后求诸人⑥，无诸己而后非诸人。所藏乎身不恕，而能喻诸人者，未之有也⑦。

故治国在齐其家。

【注释】

①戾（lì）：乖张，罪过。

②偾（fèn）事：败坏事情。偾，败坏。

③一人：指君主。

④帅：通"率"，率领，统帅。

⑤好（hào）：喜爱。

⑥君子有诸己而后求诸人：君子必定自己先向善，而后才可要求别人向善。

⑦"所藏乎"句：自己没有推己及人的恕道，而想要别人服从，是一定办不到的。

【译文】

一个家族仁爱相亲，整个国家都会兴起仁爱之风；一个家族相互谦让，整个国家都会兴起谦让之风；一个君王如果贪婪暴虐，整个国家就会犯上作乱。这就是关键所在。所谓一句话能败坏整个事情，一个人能安定整个国家。

尧和舜用仁政来统治天下，于是民众就跟着推行仁爱；桀、纣用暴政来统治天下，天下民众就跟着凶暴。号令民众实行仁爱而自己凶暴，民众是不会服从的。因此，有道德修养的君子，应该先要求自己，然后再去要求别人。应该先戒掉自身的恶习，然后才能去教导别人，弃恶从善。如果自己没有推己及人的恕道，却去教导别人善恶的区别，那是不可能办到的事情。

因此说，要治理好国家，首先要治理好家族。

【原文】

《诗》云："桃之夭夭，其叶蓁蓁；之子于归，宜其家人①。"宜其家人，而后可以教国人。

《诗》云："宜兄宜弟②。"宜兄宜弟，而后可以教国人。

《诗》云："其仪不忒，正是四国③。"其为父子兄弟足法，而后民法之也。

此谓治国在齐其家。

【注释】

①"桃之夭夭"句：此句出自《诗经·周南·桃夭》篇。

②宜兄宜弟：此句出自《诗经·小雅·蓼萧》篇。

③"其仪不忒"句：此句出自《诗经·曹风·鸤鸠》篇。

【译文】

《诗经》说："桃花婉媚妖娆，枝叶茂盛碧绿，这个姑娘出嫁了，全家老少喜盈盈。"只有先使一个家族和睦共处，才能教化普天之下的百姓。

《诗经》说："家庭之中感情融洽，兄弟之间团结友爱。"只有先使一个家族兄弟和睦相处，团结友爱，而后才能教化普天之下的百姓。

《诗经》说："国君的礼仪没有错误，才能成为四方的表率。"国君要治理好自己的家族：做父亲的慈爱，做子女的孝顺，做兄长的友爱，做弟妹的恭敬。只有使他们的言行美好，人民才愿意去效法。

这些说明了治理国家首先在于治理好家族。

十一、释"治国平天下"

【原文】

所谓平天下，在治其国者：上老老而民兴孝①；上长长而民兴弟②；上恤孤而民不倍。是以君子有絜矩之道也③。

【注释】

①老老：尊敬老人。第一个"老"为动词，意为"尊敬"，第二个"老"为名词，意为老人。

②长长：敬重兄长。第一个"长"为动词，意为"敬重"，第二个"长"为名词，意为长辈，兄长。弟：同"悌"。

③絜（xié）矩：引申为法度。絜，度量。矩，制作方形的工具。

【译文】

所谓要使天下太平首先要治理好国家，居上位的人尊敬老人，老百姓就会兴起孝顺之风；居上位的人敬重兄长，老百姓就会兴起敬重兄长的风气；在上位的人怜惜孤儿，老百姓就不会违背常理。因此，君子像尺度一样起着模范带头作用。

【原文】

所恶于上^①，毋以使下；所恶于下，毋以事上；所恶于前，毋以先后；所恶于后，毋以从前；所恶于右，毋以交于左；所恶于左，毋以交于右，此之谓絜矩之道。

【注释】

①恶（wù）：厌恶。

【译文】

厌恶上位的人的某些做法，就不要用它来役使在下位的人；厌恶下位的人的某些做法，就不要用它来侍奉上位的人；厌恶前人的某些做法，就不要用它来对待后人；厌恶后人的某些做法，就不要用它来对待过去的人；厌恶右边的人的某些做法，就不要用它来对待左边的人；厌恶左边的人的某些做法，就不要用它来对待右边的人。这就是法度的作用。

【原文】

《诗》云："乐只君子，民之父母^①。"民之所好好之，民之所恶恶之，此之谓民之父母。

《诗》云："节彼南山，维石岩岩。赫赫师尹，民具尔瞻^②。"有国者不可以不慎，辟则为天下僇矣^③。

《诗》云："殷之未丧师，克配上帝；仪监于殷，峻命不易。"道得众则得国^④，失众则失国。

【注释】

①乐（luò）只（zhǐ）君子，民之父母：见《诗经·小雅·南山有台》。只，语气助词，犹"哉"。

②"节彼南山"句：此段见《诗经·小雅·节南山》篇。

③辟：通"僻"，偏僻。僇（lù）：通"戮"，杀戮。

④道：指"絜矩之道"。

【译文】

《诗经》说："快乐的君王，是平民百姓的父母。"国君应当喜爱平民百姓所喜爱的东西，应该憎恶平民百姓所憎恶的东西。这样的国君才算得上是天下百姓的父母。

《诗经》说："巍峨雄伟的终南山，山崖险峻不可攀。权势显赫的尹太师，百姓目光都注视你。"掌握着国家大权的人不可以不慎重。如果出了差错，就会被天下百姓诛杀。

《诗经》说："殷代国君尚未丧失民心的时候，还能够符合天意享有统治。应该借鉴殷商兴亡的教训，认识到守护天命永保国运并非易事。"统治者能在道德上起榜样作用，就会得到民众的拥护，也就会享有国家；否则，就会失去民众的拥护，也就会失去国家。

【原文】

是故君子先慎乎德①。有德此有人，有人此有土，有土此有财，有财此有用。

德者本也；财者末也。

外本内末，争民施夺②。

是故财聚则民散，财散则民聚。

是故言悖而出者，亦悖而入③；货悖而入者，亦悖而出。

【注释】

①先慎乎德：先要谨守自己的道德，提高道德修养。

②"外本"句：外，疏远。内，亲近。争民，与民争利。施夺，施行掠夺。

③言悖而出者，亦悖而入：意为君王关于政教之言有悖逆于民心，则百姓必以悖逆之言应对。悖，逆。

【译文】

所以说，国君首先要注重修身养性。有了美好品德，就会赢得民众；有了民众，就会拥有土地；有了土地，就会获得财富；有了财富，国家才能用度充足。

美德是根本，财富是枝梢。

如果国君在表面讲道德，而实际内心只看重财富，那么民众就会相互逐利，抢夺财富。

因此，财富聚集于君王一身，平民百姓就会离弃君王。财富散落在民间，民众就会归附君王。

　　所以，君王关于政教之言有悖于民心，则百姓以悖逆之言反抗。财富不依据常理肆意搜刮而来，最终也会被别人用不正当的手段掠夺而去。

【原文】

　　《康诰》曰："惟命不于常^①。"道善则得之^②，不善则失之矣。《楚书》曰："楚国无以为宝，惟善以为宝。"舅犯曰^③："亡人无以为宝，仁亲以为宝。"

【注释】

　　①惟：只有。命：天命。不于常：没有常规。
　　②道：说。之：指代天命。
　　③舅犯：指晋文公重耳的舅舅狐偃。狐偃，字子犯。晋文公重耳因骊姬之乱逃亡在外十九年，狐偃一直跟随着他。

【译文】

　　《尚书·康诰》中说："惟有天命没有常规。"这里说统治者向善就会得到天命；统治者不善就会丧失天命。《楚书》中说："楚国没有什么用来作为宝物的，只把为善当作宝物。"舅犯说："流亡在外的人，没有什么用来作为宝物的，只有把亲人当作宝物。"

【原文】

　　《秦誓》曰^①："若有一介臣^②，断断兮无他技^③，其心休休焉^④，其如有容焉。人之有技，若己有之，人之彦圣^⑤，其心好之，不啻若自其口出，寔能容之^⑥，以能保我子孙黎民，尚亦有利哉！人之有技，媢嫉以恶之^⑦；人之彦圣，而违之俾不通^⑧，寔不能容，以不能保我子孙黎民，亦曰殆哉！'"

【注释】

　　①《秦誓》：《尚书·秦誓》篇。
　　②一介：《尚书·秦誓》中为"一个"的意思。
　　③断断：诚实专一。
　　④休休：宽容的样子。焉：……的样子，助词。

⑤彦：美士，贤士。圣：圣明。

⑥寔：同"实"。

⑦媢（mào）：嫉妒。

⑧俾（bǐ）：使。不通：不被重用。

【译文】

《尚书·秦誓》篇中说："有一位这样的臣子，他诚实专一，能够宽容别人。别人有技能，就像自己具有一样；别人的美德圣贤，他真心喜欢。他不仅口头上称赞，心胸也是能够容纳的。他这样做来保护我的子孙与百姓，这样的臣子是多么有益啊！别人有技能，就嫉妒厌恶他；别人有美德才能，就使他不被国君重用。这种人实在是不能容得下别人，也不能保护我的子孙和百姓，这就危险了！"

【原文】

唯仁人放流之，进诸四夷①，不与同中国②。此谓唯仁人为能爱人，能恶人。见贤而不能举，举而不能先，命也③；见不善而不能退，退而不能远，过也。好人之所恶，恶人之所好，是谓拂人之性④，灾必逮夫身⑤。是故君子有大道，必忠信以得之，骄泰以失之⑥。

【注释】

①迸：逐，驱逐。四夷：古代泛指我国边疆的少数民族，东夷、西戎、南蛮、北狄叫做四夷。

②中国：中原地区。古时候，我国汉族建都于黄河流域，自以为是天下的中心地带，所以称为中国。

③命：郑玄《礼记注》认为"当作慢"；程颐认为"当作怠"。

④拂：逆反，违背。

⑤灾：同"灾"，灾难。逮：到，及。夫（fú）：助词，此。

⑥骄泰：骄恣放纵。失：丧失。

【译文】

只有那些仁爱之士会流放这种嫉妒贤能的人，把他们驱逐到四方少数民族聚居的地区，不让他们居住在中原地带。这就是说，只有那些仁爱之人才懂得关爱人，才懂得厌恶人。发现贤人却不能举荐，举荐却不能尽早地任用，这是怠慢；发现不善之人却不能斥退，斥退了不善的人却不能让他远离，这是过错。喜欢人们所厌恶的，厌恶人们所喜欢的，这都叫作违背人的本性，灾难一定会降临。因此，君子一定要在道德上遵从正确的道理，通过忠实守信才能坚守它，骄恣放纵就会失去它。

【原文】

生财有大道①，生之者众，食之者寡②，为之者疾，用之者舒，则财恒足矣③。仁者以财发身④，不仁者以身发财⑤。未有上好仁而下不好义者也；未有好义其事不终者也；未有府库财非其财者也。

【注释】

①道：规律。

②生之者：生产财富的人。之，指代财富。食之者：坐食的人，消费财富的人。

③则财恒足矣：那么财富就会常常充足了。恒，常常。

④以财发身：用财富为完善品德，使自身发展。

⑤以身发财：用牺牲品德的方法来发展财富。这里的意思是说，仁者分散钱财以得百姓，不仁者丧失性命也要聚敛财富。

【译文】

生产财富有个主要原则，要使生产财富的人多，消费财富的人少，管理财富的人勤快，使用财富的人节约，那么财富自然常常充裕。仁爱之人用布施百姓的方法来完善品德，发展自身；不仁爱的人用牺牲品德的方法来聚敛财富，增加财富。从来就没有在上位的人喜欢仁义，而在下位的人却不喜欢道义这种情况；也从来没有爱好道义而国事半途而废的，更从来没有国库财富竟不属于国家所有的。

【原文】

孟献子曰①："畜马乘不察于鸡豚②；伐冰之家③不畜牛羊；百乘之家不畜聚敛之臣④。与其有聚敛之臣，宁有盗臣。"此谓国不以利为利，以义为利也。

【注释】

①孟献子：鲁国的大夫，仲孙蔑。

②乘：古时候四匹马拉的车。察：观察。鸡豚：鸡和猪，指饲养鸡、猪的小利。

③伐冰之家：指卿大夫之家。古时候，只有卿大夫家中，在丧祭时才可以用冰保存遗体。

④百乘之家：指拥有百辆车乘的卿大夫之家。

【译文】

鲁国大夫孟献子说："出门坐四匹马拉的车的官员，不会去追逐喂猪喂鸡的小利；丧祭中能够用冰块的卿大夫，不会去追逐饲养牛羊的小利；拥有百辆兵车的卿大夫，就不该养活那敛聚民财的家臣。与其有这种善于搜刮百姓的家臣，还不如窃取自家财物的家臣。"这就是说，治理国家不应该把以私利作为利益，而应该把仁义作为根本利益。

【原文】

长国家而务财用者①，必自小人矣②。彼为善之，小人之使为国家，灾害并至，虽有善者，亦无如之何矣！此谓国不以利为利，以义为利也。

【注释】

①长国家：担任一国的君主。务：致力。

②自：由，出自。

【译文】

管理国家却致力于追逐财富的君王，一定受到小人的怂恿。把小人当作好人，任用小人来管理国家，那么灾难祸害就会一起降临。即使有好人，也不知道该怎么办了。这就是说，国家不应该把获取私利作为利益，而应该把仁义作为根本利益。